水谷清

大祓講話

八幡書店

大祓詞

（延喜式所載）

集侍《ウゴナハレル》。親王《ミコ》諸王《オホキミ》諸臣《マヘツキミ》。百官人等《モモノツカサヒトタチ》諸《モロモロ》。聞食止宣《キコシメセトノル》。天皇《スメラガ》朝廷《ミカド》爾《ニ》仕奉留《ツカヘマツル》。比禮《ヒレ》挂《カクル》伴男《トモノヲ》。手襁《タズキ》挂《カクル》伴男《トモノヲ》。靫《ユギ》負《オフ》伴男《トモノヲ》。劒《タチ》佩《ハク》伴男《トモノヲ》。伴男《トモノヲ》乃八《ノヤ》十《ソ》伴男《トモノヲ》乎《ヲ》。始氐《ハジメテ》。官官《ツカサツカサ》爾《ニ》仕奉留《ツカヘマツル》人《ヒト》等乃《タチノ》。過《アヤマチ》犯家牟《ヲカシケム》雜雜《クサグサノ》罪乎《ツミヲ》。今年《コトシ》六月《ミナ》晦《ツキツゴモリ》之大祓《ノオホハラヒ》爾《ニ》祓給比《ハラヒタマヒ》清給事乎《キヨメタマフコトヲ》。諸《モロモロ》聞食止宣《キコシメセトノル》。

高天原《タカアマハラ》爾《ニ》神留坐《カミツマリマス》。皇親《スメミオヤ》神漏岐《カミロギ》神漏美《カミロミ》乃命以氐《ノミコトモチテ》。八百萬神等乎《ヤホヨロヅノカミタチヲ》。神集集賜比《カミツドヘツドヘタマヒ》神《カミ》議議賜比氐《ヘカリヘカリタマヒテ》。我皇孫之命波《アガスメミマノミコトヘ》。豐葦原乃水穗之國乎《トヨアシハラノミヅホノクニヲ》。安國止《ヤスクニト》平氣久《タヒラケク》知所食止《シロシメセト》事依《コトヨサ》志奉伎《ジマツリキ》。如此《カク》依志《ヨサシ》奉志《マツリシ》國中爾《クニウチニ》荒振《アラブル》神等乎波《カミドモヲベ》。神問爾問志賜《カミトハシニトハシタマヒ》。神掃比爾掃比賜比氐《カミハラヒニハラヒタマヒテ》。語問志《コトトヒシ》磐根《イハネ》樹立《キネタチ》。草乃《クサノ》垣葉乎母《カキハヲモ》語止氐《コトヤメテ》。天之《アメノ》磐座《イハクラ》放《ハナチ》。天之《アメノ》八重雲乎《ヤヘクモヲ》。伊頭乃千《イヅノチ》別爾《ワキニ》千《チ》別氐《ワキテ》。天降《アマクダシ》依志《ヨサシ》奉伎《マツリキ》。如此久《カク》依志《ヨサシ》奉志《マツリシ》四方之國中登《ヨモノクニナカト》。大倭《オホヤマト》日高見《ヒタカアミ》之國乎《ノクニヲ》。

安國《ヤスクニ》止《ト》定奉氏《サダメマツリテ》。下津磐根《シタツイハネ》爾《ニ》宮柱太敷立《ミヤバシラフトシキタテ》。高天原《タカアマハラ》爾《ニ》千木《チギ》高知氏《タカシリテ》。皇御孫之命乃《スメミマノミコトノ》瑞之御舍《ミヅノミアラカ》仕奉氏《ツカヘマツリテ》天之御蔭《アメノミカゲ》日之御蔭《ヒノミカゲ》止《ト》隱氏《カクリマシテ》。安國《ヤスクニ》止《ト》平氣久《タヒラケク》所知食武《シロシメサム》。國中《クニウチ》爾《ニ》成出武《ナリイデム》。天之益人等我《アメノマスヒトラガ》。過犯家牟《アヤマチオカシケム》雜雜罪事波《クサグサノツミゴトハ》。天津罪《アマツツミ》止八《トヘ》。畔放《アハナチ》。溝埋《ミゾウメ》。樋放《ヒハナチ》。頻蒔《シキマキ》。串刺《クシサシ》。生剝《イキハギ》。逆剝《サカハギ》。屎戶《クソヘ》。許許太久乃罪乎《ココダクノツミヲ》。天津罪《アマツツミ》止《ト》法別氣氏《ノリワケテ》。國津罪《クニツツミ》止八《トヘ》。生膚斷《イキハダダチ》。死膚斷《シニハダダチ》。白人《シロヒト》。胡久美《コクミ》。己母犯罪《オナガハハオカセルツミ》。己子犯罪《オノガコオカセルツミ》。母與子犯罪《ハハトコトオカセルツミ》。子與母犯罪《コトハハトオカセルツミ》。畜犯罪《ケモノオカセルツミ》。昆蟲乃災《ハフムシノワザハヒ》。高津神乃災《タカツカミノワザハヒ》。高津鳥乃災《タカツトリノワザハヒ》。畜仆志《ケモノタフシ》。

蟲物爲罪《マジモノセルツミ》。許許太久乃罪出武《ココダクノツミイデム》。如此出波《カクイデバ》。天津宮事以氏《アマツミヤゴトモチテ》。大中臣《オホナカトミ》。天津金木乎《アマツカナギヲ》。本打切《モトウチキリ》末打斷氏《スエウチタチテ》。千座置座《チクラノオキクラ》爾《ニ》置足波志氏《オキタラハシテ》。天津菅曾乎《アマツスガソヲ》。本刈斷《モトカリタチ》末刈切氏《スエカリキリテ》八針爾取辟氏《ヤハリニトリサキテ》。天津祝詞乃太祝詞事乎宣禮《アマツノリトノフトノリトゴトヲノレ》。

如此久乃良波《カクノラバ》。天津神波《アマツカミハ》。天磐門乎押披氏《アマノイハトヲオシヒラキテ》。天之八重雲乎《アメノヤヘグモヲ》伊豆乃千別爾千別氏《イヅノチワキニチワキテ》所聞食武《キコシメサム》。國津神波《クニツカミハ》。高山之末《タカヤマノスエ》短山之末爾《ヒクヤマノスエニ》上坐氏《ノボリマシテ》。高山之伊穗理《タカヤマノイホリ》短山之伊穗《ヒクヤマノイホ》理乎《ヲ》掻別《カキワケ》氏《テ》所聞食《キコシメサ》武《ム》。如此《カク》所聞食《キコシメシ》氏波《ヲヘ》。皇御孫之命《スメミマノミコト》乃《ノ》朝廷《ミカド》乎《ヲ》始《ハジメ》氏《テ》。天下四方國《アメノシタヨモノクニ》爾《ニ》波《ハ》。罪《ツミ》止《ト》云《イ》布《フ》罪《ツミ》波《ハ》不在《アラジ》止《ト》。科戸之風《シナドノカゼ》乃《ノ》。天之八重雲《アメノヤヘグモ》乎《ヲ》吹放《フキハナツ》事之如《コトノゴト》久《ク》。朝之御霧《アシタノミギリ》夕之御霧《ユフベノミギリ》乎《ヲ》。朝風夕風《アサカゼユフカゼ》乃《ノ》吹掃事之如《フキハラフコトノゴト》久《ク》。大津邊《オホツベ》爾《ニ》居《ヲル》大船《オホブネ》乎《ヲ》。舳解放《ヘトキハナチ》艫解放《トモトキハナチ》氏《テ》。大海原《オホウナバラ》爾《ニ》押放事之如《オシハナツコトノゴト》久《ク》。彼方之繁木本《ヲチカタノシゲキガモト》乎《ヲ》。燒鎌《ヤキガマ》乃《ノ》敏鎌《トガマ》以《モチ》氏《テ》打掃事之如《ウチハラフコトノゴト》久《ク》。遺罪《ノコルツミ》波《ハ》不在《アラジ》止《ト》。祓給《ハラヒタマ》比《ヒ》清給事《キヨメタマフコト》乎《ヲ》。高山之末《タカヤマノスエ》短山之末《ヒクヤマノスエ》與利《ヨリ》。佐久那太理《サクナダリ》爾《ニ》。落多支《オチタギ》都《ツ》。速川《ハヤカハ》能《ノ》瀬《セ》坐《ニマス》。瀬織津比咩《セヲリツヒメ》止《ト》云《イフ》神《カミ》。大海原《オホウナバラ》爾《ニ》持出《モチイデ》奈武《ナム》。如此持出《カクモチイデ》波《ナバ》。荒鹽《アラシホ》之《ノ》鹽《シホ》乃《ノ》八百道《ヤホヂ》乃《ノ》。八鹽道《ヤシホヂ》乃《ノ》鹽《シホ》乃《ノ》八百會《ヤホアヒ》爾《ニ》座《マ》須《ス》。速開都比咩《ハヤアキツヒメ》止《ト》云《イフ》神《カミ》。持可可呑《モチカカノミ》氏《テ》武《ム》。如此《カク》久《ク》可可呑《カカノミ》氏波《テバ》。氣吹戸《イブキドニ》坐《マ》須《ス》。氣吹戸主《イブキドヌシ》止《ト》云《イフ》神《カミ》。根國底之國《ネノクニソコノクニ》爾《ニ》。氣吹放《イブキハナチ》氏武《テム》。如此《カク》久《ク》氣吹放《イブキハナチ》氏波《テバ》。根國底之國《ネノクニソコノクニ》爾《ニ》坐《マス》。速佐須良比咩《ハヤサスラヒメ》登《ト》云《イフ》神《カミ》。持佐須良《モチサスラ》比失《ヒウシナヒ》氏牟《テム》。如此《カク》久《ク》失《ウシナヒ》氏波《テバ》。天皇《スメラ》我《ガ》朝廷《ミカド》爾《ニ》仕奉《ツカヘマツ》留《ル》。官官人等《ツカサツカサノヒトタチ》乎《ヲ》始《ハジメ》氏《テ》。天下四方《アメノシタヨモ》爾《ニ》波《ハ》。自今日《ケフヨリ》始《ハジメ》氏《テ》。罪《ツミ》止《ト》云《イ》布《フ》罪《ツミ》波《ハ》不在《アラジ》止《ト》。高天原《タカアマハラ》爾《ニ》耳振立聞物《ミミフリタテキクモノ》止《ト》。馬牽立《ウマヒキタテ》氏《テ》。今年《コトシ》六月《ミナヅキノ》（十二月《ヘス》）晦日《ツモゴリノ》夕日《ユフヒ》之《ノ》降乃《クダチノ》大祓爾《オホハラヒニ》。祓給比《ハラヒタマヒ》。清給事乎《キヨメタマフコトヲ》。諸聞食止宣《モロモロキコシメセトノル》。四國《ヨクニ》卜部《ウラベ》等《ドモ》。大川道爾《オホカハヂニ》持《モチ》退出氐《マカリイデテ》祓却止宣《ハラヒヤレトノル》。

大祓講話

前編

第一講

二十回に亙る大祓の講話を致しますが、精神を述べるのが目的ですから祝詞文《のりとぶん》の訓讀《よみ》や、故實《こじつ》の考證や、民族學的研究と謂つた方面には餘り觸れないで、専ら眞髓に向つて、主力を注ぐ考へですから、豫め御承知を願つておきます。

大祓詞《おほはらひのことば》は中臣祓詞《なかとみのはらひのことば》とも稱《とな》へ、神道唯一の經典として、恐らく全國幾百萬を算《かぞ》へる方々の口に、日夜奉誦されてゐる、信仰の中樞でもありまするし、國體の明徴は、國を擧げての重要な根本問題でもありまするし、現下の非常時局に直面して、我日本民族が、如何に建國の大精神に基いて、世界全人類の爲めに盡くすべきか。選擧肅正の徹底的方策は如何、學校教育に宗教を加味すべき正當なる見解は如何。等、等、皆な是れ、何れも大祓に由てのみ、根本的解決さるべき者であつて見れば、大祓ほど現下の中心的研究の課題と成るべきものは、他に決して無いと申して過言ではありますまい。

さて六月三十日十二月卅一日の年二回には、宮中を始め全國の各神社に於て、大祓の御儀が執行されますが、本來大祓の儀は、宮中に於ける、「節折《よをり》の御儀」から始まることを、先づ以て承知せねばなりません。節《よ》折《をり》の御儀は、現今の御定《おんさだめ》では六月三十日十二月卅一日、共に午後二時に、畏くも天皇陛下が鳳凰《ほうわう》の間《ま》に御出御あそばされて、御玉體の上に祓の儀を行はせ給ふ御儀でありまして、荒世和世《あらよにぎよ》の御服《おんふく》の儀、（荒世は白絹、和世は紅絹です）御麻《おんあさ》の儀、御竹《おんたけ》を以て玉體を量《はか》りますの儀、御壺《おんつぼ》に御《おん》氣息《いき》を吹き込み給ふ儀等《など》が行はれますやうに拜承《はいしやう》致しますが、この節折《よをり》の御儀は、先師から傳へ聞く所に依れば、實に畏れ多い極みでありまして、彼の明治天皇の御製に「罪あらば我を咎《とが》めよ天つ神、民はわが身のうみし子なれば」と仰せある通り、至仁至愛の大御《おほみ》親心《おやごころ》を以て、萬民を我子とみそなはせられ、その罪穢《つみけがれ》の一切を、御一身の上に全部引き受け給ふて、之を節折《よをり》の神祕的御儀を以て、祓ひ淨めて下さるといふ、眞に涙ぐましいほど、有難《ありがた》く忝《かたじけ》ない御儀であると承つてゐます。あゝ果して然らば、斯かる有難く忝《かたじけ》ない御儀が、宮中に於て執り行はせらるゝ事を拜知する者、誰か宮城に向つて、同時刻に拜禮を捧げ奉らずに措かれませうか。私は切に當日は、全國民が好しやどんな忙《いそが》しい仕事に從事してゐるにしても、必ず僅か一分間――半分間でも宜しいから、恭《うや》々しく默禱を捧げて、大御親さまの至仁至愛の御鴻恩を、拜謝されんことを、念じて止まないものであります。かくて節折《よをり》の御儀が終つて、午後三時から宮中賢所《かしこどころ》の前庭《まへには》に於て、親王さまの御代表、官廳の勅任、奏任、判任の代表者を集めて、大祓の儀が執行されます。がこの大祓の儀は、謂はゞ節折の御儀の第一次延長であり、擴大であつて、陛下に最も近くゐらせられる親王さま始め、朝廷の官人の上に、祓ひ淨めが及んだ譯でありますから、朝廷の全官人は勿論、中央地方に職を奉ずる公官吏は、假令《たとへ》直接式場に列しないにしても、列席致してゐると同様の心持を以て、大祓の本義に徹するやうに致すのが、當然のことでありませう。宮中に於ける大祓の儀が、節折の御儀の延長であると云ふことは、節折《よをり》の御儀に御使用になつた、荒世《あらよ》和世《にぎよ》の御麻が、大祓の式用として廻されることに成つてゐるのでも、明瞭でありませう。さて次に宮中に於ける大祓の儀が全國一般に、延長され、擴大されて、伊勢神宮を始め奉り、全國の官國幣社、以下、各神社に於て、夫々嚴修されることに成つてゐます。この儀の確定したのは、大正三年三月の內務省の訓令に依りますが、この全國各地で行はれる大祓は、宮中大祓の擴大であると同時に、畏くも節折の御儀の、第二次延長でもありますから、全國民は皆なこの日には、各自の氏神の社に參集して、大祓の儀に預るのが當然であります。がそれも參列者は、好しや總代を以てするにしても、一般の人々に於ても、この尊くありがたい大御親心を拜受して、大祓の尊嚴さを深く心に銘すべきは申すまでも無い所でありませう。斯うして大祓の儀が、津々浦々にまで行き亘つて、その本義が國民一般に知悉されたならば、何處《いつこ》に思想國難なぞいふ不吉な語《ご》が發せられませう。國内が肅然として頓《とみ》に緊張味を加へ、正しく、明るく、雄々しく、朗らかな生氣が、滿地に漲り亘るに相違ありません。あゝ一天萬乘の大君が、節折《よをり》の御儀として毎年六月十二月の二回、尊い御行事をあそばすことを拜知する時、何たる我國はありがたい國であり、何たる我等は幸福なる國民であるぞと、感泣しないで措かれませうぞ。我國は斯く尊嚴無比なる、宗教以上の大宗教國ですが、それにも拘はらず、今日、尙ほ一般國民が、大祓の本義すら心得ないものが多數であり、從つて種々の罪惡が、綺麗に拂はれないで、積りに積つて往く狀態、また種々の疾病災厄等に、痛く苦しめられてゐる者も、多數に在る現狀たるは、何たる不愍、何たる情ないことでありませう。我等は大祓を以て、全く綺麗さつぱりと心の底から洗ひ淨められて本來日本の輝かしい大生命を、いやが上に發揚致さねばならないと存じます。が爰に、我々の特に承知せねばならぬ、大切な事柄が存在してゐます。と云ふのは、大祓詞《おほはらひのことば》を見ますと、天ツ罪《あまつつみ》國ツ罪《くにつつみ》が幾多《いくた》出《で》ますが、それが天津宮事《あまつみやこごと》以《も》ちて、天津金木《あまつかなぎ》 天津菅曾《あまつすがそ》 天津祝詞《あまつのりと》といふ三大行事を營む事に因つて、それから後は、天津神國津神《あまつかみくにつかみ》の御力に專ら任せ切つて、謂はゞ神任《かみまか》せ、神《かみ》ながらと云つた姿になつてゐて、國民に向つて「あゝ爲《せ》よ、斯《か》う爲《せ》よ」と、やかましく戒律等を迫つては居ません。現今は「あゝ爲よ斯う爲よ。あゝしてはいけない、斯うしてはいけない」と、耳にタコの當るほどのお說法を聽かされるのですが、餘り要件が多過ぎて、一般人は持ちあぐんでゐる狀態のようです。然るに大祓は何等の要求をせず、無條件で、一切の罪穢《つみけがれ》を解消するので、大祓は大乘《だいじよう》――大乘といつても大乘中の最高大乘で、小乘的の戒律を要せず、救濟するのです。大祓の見解に依れば、現在我々は、毒瓦斯の中《うち》に生存してゐるので、覆面をして居らねばどうしても毒瓦斯を吸ひます。で寸時も油斷が出來ません。故に覆面を〳〵戒律を〳〵と、遣瀨《やるせ》なく警告される事は、洵に有難い譯ですが、覆面は忘れ勝ちで、直に毒瓦斯を吸ひます。然るに大祓は、其の漲り亘る毒瓦斯を排去してしまひますから、覆面を必要としない、億兆平等の根本的解消です。が毒瓦斯の排去といへば譯無く聽えますが、併し此《これ》は決して容易な業ではありません。で大祓は、一面には幽界神事として、神秘的な作法行事を營み、目に見えない、神界の祓ひ淨めを爲《な》す。同時に、また一面、目に見える現實世界に立つて、政事《まつりごと》の力に依つて、其の本義を徹底せしめる、顯幽不二の行事、祭政一致の行事であつて、祭《まつり》の神事と政《まつりごと》の行事とがシツクリ合致して、大祓の威力が現はれるのです。一人《ひとり》の疾病にしても、苦惱災厄にしても、單に其が一人のものではなくて、其の根を探つて見れば、大きな根柢に聯《つら》なつてゐる、歩哨兵のやうなもので、謂はゞ病魔軍、苦惱軍と云つた、大本營が其背後に堂々構へてゐると見ることが出來ませう。故に歩哨戰で解決されたと思ふのは大間違ひですから、大祓は正の軍《いくさ》が邪の軍《いくさ》に對する「宣戰の布告」と云つた意義があるのです。古式の大祓の祭官が、或は手襁《たすき》を掛け、或は劒《たち》を佩《は》き、或は靫《ゆぎ》を負《お》んで、武裝的の容裝であつたのを見ても、思半に過ぐることでありませう。武裝的行事としての大祓は、遡て伊耶那岐《いざなぎ》伊耶那美《ざなみ》二神《ふたかみ》の、黄泉國《よもつくに》に於ける大事件、天照大御神の天岩戸隠《あまのいはとかく》れの大事件に、其因を發する深遠なる意義を保つものですが、要は禍津日神《まがつひのかみ》に對する、直毘神《なほびのかみ》の、降伏を宣言し給ふ、ミイヅの發動でありまして、言語に絶した、至嚴《おごそか》な行事でありますと同時に、拔苦與樂《ばつくよらく》、苦を拔き樂を與へる、至仁至愛の御行事でもありますから、我國に大祓の存在することは、適々以て、億兆萬民に對する、大慈大悲の大御親《おほみおや》の國が地上に存在してゐる保證とも成りますので、大祓ほど神の建て給ふ我が皇國の大誓願、大使命を、如實に顯はしてゐる者は無いと申して宜しいと存じます。で大祓詞を見ますと、先づ第一に、皇孫の御降臨を述べて、荒《あら》ぶる神等《かみども》をば、神問《かみと》はしに問《と》はし給ひ、神掃《かみはら》ひに掃《はら》ひ給《たま》ひて、以て國土靜謐の狀態を嚴《おごそ》かに宣言し、大倭日高見國《おほやまとひたかみのくに》に宮殿をお建《たて》あそばされて、天津日嗣《あまつひつぎ》の皇運いや榮えます中にも、國民等の過ち犯す罪として、天《あま》ツ罪《つみ》國《くに》ツ罪《つみ》の出ることを述べ、此《か》く出でば、天津宮事《あまつみやごと》以《もち》て、天津金木《あまつかなぎ》を本《もと》うち切り末《すゑ》うち斷《た》ちて、千座置座《ちくらのおきくら》に置き足《たら》はして、天津菅曾《あまつすがそ》を本刈斷《もとかりだ》ち末刈《すゑか》り切りて、八針《いやはり》に取辟《とりさ》きて、天津祝詞《あまつのりと》の太祝詞事《ふとのりとごと》を宣《の》れといふ、三大中心行事を營む事に因て、天津神國津神の、偉大なる神力が現はれ、天下四方國《あめのしたよものくに》には、罪といふ罪はあらじと、祓戸《はらひど》四柱の神業《かみわざ》が、旺に活躍して、快速に罪穢《つみけがれ》の一切が、解消されてしまふ事を、頗る莊重優麗な詞《ことば》を以て述べてゐます。而してその大祓の威力の、いかに旺盛なるものなるかを、科戸《しなど》の風《かぜ》の天八重雲《あめのやへぐも》を吹き放つことの如く、朝《あした》の御霧《みぎり》夕《ゆうべ》の御霧《みぎり》を朝風《あさかぜ》夕風《ゆふかぜ》の吹拂ふことの如く、大津邊《おほつべ》に居る大船《おほふね》を舳《へ》解《と》き放《はな》ち、艫《とも》解《と》き放ちて、大海原《おほうなばら》に押放つことの如く、彼方《をちかた》の繁木《しげき》が本《もと》を燒鎌《やきがま》の敏鎌《とがま》以ちて、うち拂ふことの如く、殘る罪はあらじと祓ひ給ひ淸め給ふ」と申してあります。

あゝ何たる威嚴溢るゝ大行事でありませう。

大祓詞の內容は、上述の如く、數段に分かれてゐて、種々の事柄がありますが、要は皇孫の御降臨卽ち建國の精神が根本と成つてゐますから、國體の明徵卽ち大祓であり、大祓卽ち國體の明徵に外ならぬと申して宜しいのであります。宗教も、經濟も、教育も、醫術も其《その》他あらゆるものが、皆悉く大祓に賴つて祓ひ淸められて、人は人として、國は國として世界は世界として、夫々根本的な、本來の姿、本來の天職に目覺めて、その全分の力を現はし、爰に地上樂土《らくど》の建設を成就するに到るといふ、段取になる譯であります。

第二講

我國には我國特有の研究方式があります。例せばアメッチのアメ、漢字で天を充てるアメを體得するには、晴れた月の無い夜を選び、高い丘《をか》か山上へ登つて大空を凝視します。凝視々々《じつこみつめ》、一晩で出來なければ幾晩でも續ける熱心が肝要です。で大空を凝視してゐますと、その凝視の極に達したとも思ふ時、自然にアーといふ聲が出ます。その時この人はアを觀《み》たのです。アメの中へ飛び込んで、天《あめ》と一體に成り切つたのです。天《あめ》の外《ほか》に我無く、我の外《ほか》に天《あめ》なく、天人《あめひこ》全く不離一如と成つたのです。アメとはア觀《み》えてですから、アを觀《み》なければアメは判りません。眞言の「阿《あ》字觀《じくわん》」といふのも、アメを識る事でせう。斯うしてヤマトコトバを純粋直觀の體驗で磨いて行く、これが根本の日本學です。言靈學《ことたまがく》とも天津祝《あまつのり》詞《と》學《がく》とも稱へます。さて夫れでは其の觀《み》たアメはどんなものかと質問されても、それは申されません。體驗は其人の直觀ですから、砂糖を嘗《な》めない人に、砂糖の味を知らすことの出來ない通り、正味は比喩や解説には無いので、どうしても日本學は、體驗して知る外はありません。が、さう云つて居ては、この話もこれでお終《しま》ひですから、強てお話を進めて參る外はありません。さて芭蕉翁の俳句に「古池や蛙飛び込む水の音」といふのがあります。芭蕉翁はこの句をどういふ意味で歌つたのか知りませんが、皇學の立場《たちば》から、この句を假に解して見れば「古池や」と云つてゐる處が、アメの直觀で得たアの古池で、古いと云つても數量では計られぬ無始無終の古池、その大さにしても、數量では計られぬ、無邊周遍の大池なんです。この空無相の古池へ、蛙が飛び込んだ。これを古事記ではアメの中《なか》に一點の中心の主《ぬし》が現はれたので、天之御中主神《あめのみなかぬしのかみ》と申してあります。久《く》遠《をん》の古池に中主《なかぬし》が現はれた時に、創めて三世十方に亘つて、音聲が響き渡り、また波紋が起ります。而して、その時發《おこ》つた音聲を、古事記には「タカアマハラ」と響いたと申してあります。普通タカアノハラと申してゐますが、正《たゞ》しくはタカアマハラと發音せねばなりません。タカアマハラは其母韻が全部アです。又タカアマハラは音聲であると同時に、波紋ですから、天地間の一切の現象は、タカアマハラから發現するものたることが能く判りませう。それが天地開闢ですが、聖書の約翰傳《よはねでん》第一章に「太初《はじめ》にコトバあり、コトバは神と偕《とも》に在り、コトバは即ち神なり。このコトバは太初《はじめ》に神と偕に在りき。萬物これに由て造らる。造られたる者に一として之に由らで造られしは無し。之に生あり此生は人の光なり。光は暗に照り、暗は之を曉《さと》らざりき」と述べてゐるのに、能く一致してゐます。さて然らばそのタカアマハラとは何ぞやと申せば、前に述べた通り、タカアマハラといふコトバを、純粹直觀の體驗に訴へて知る外に途はありません。が私の了得した所をてつとり逸く申し述べて見れば、タカアマハラとは、四語の合《あは》さつた語で、タカア――これは、中心から外方へ發射する遠心的神力《しんりき》で、光明遍照といふ語が最も能く當ります。次にタアマ――これは外方から中心へ向つて集中せる求心的神力《しんりき》で、攝取不捨、攝取集中といふ語が最も能く當ります。次にカアマ――これは遠心力と求心力とが同時に發動して、相反する方向に働いても、毫も障碍しない、自在無礙《じざいむげ》の交流的神力《しんりき》です。而して最後のハラ＝これはクル〳〵旋廻する神力《しんりき》ですが、このハラの旋《せん》廻《くわい》は、獨立して働くのではなく、前の三語に夫々附くのですから、タカアマハラは、三語の合成語であつて、

タカア、ハラ＝これは光明遍照の旋廻、即ちクル〳〵旋廻する光明遍照の神力

タアマ、ハラ＝これは攝取集中の旋廻、即ちクル〳〵旋廻して中心へ集中する神力

カアマ、ハラ＝これはクル〳〵旋廻して、圓融自在無碍に働く力で、最も妙味のある神力《しんりき》

です。斯くタカアマハラは、三種の神力《しんりき》ですが、旋廻する光明遍照は、自から鏡の相《すがた》を表《あらは》し、旋廻する攝取集中は、自から緒《を》に聯《つら》なつた聯珠《たま》の

相《すがた》を表《あらは》し、また圓融無碍の自在力は、自から劍の相《すがた》を表《あら》はしますので、私共は、此處に忝《かたじけ》なくも、三種神器の根本のお姿を、タカアマハラの中《うち》に認め得まして、何とも言はれない尊くもまた深い感激に撃たれる次第であります。天照大神が、皇孫瓊々杵命《ににぎのみこと》を、豊葦原瑞穗國《とよあしはらみつほのくに》に降し給ふに當つて、三種神器を執つて、お授けあそばされたと申すのも、それが唯だ御手元近くに在つた寶であるといふのみでは無く、天地始元の三大神力を、物に宿して製《つく》られた、鏡、玉、劍を賜はつて、皇孫は、好《よ》しや降つて、地上統治の主《しゅ》と爲り給ふのだとしても、その寶、天地元始の三大神力を掌握し給ふて、天上天下を貫《つらぬ》いて治《をさ》め給ふ、萬世一系天壤無窮の現人神《あらひとがみ》に亘らせ給ふ旨を、明確ならしめん御神慮であらせられたかと拜察されまして、實に〳〵尊嚴無比、言語に絶した次第であります。この意義が明瞭致さねば、國體の明徵は徹底致しません。皇道精神の根柢とても、解るものではありますまい。

また高天原のハラの旋廻には、必然、左旋《ひだりまはり》と右旋《みぎまはり》とがありますので、タカアマハラの内容が、左旋と右旋との相互の結合卽ちムスビとなるのです。而して、左旋（向って右旋）の神力《しんりき》を――神漏岐《かみろぎ》と申し、右旋（向って左旋）の神力を――神漏美《かみろみ》と申します。大祓詞には「高天原《たかあまはら》に神留《かみつま》ります、皇親《すめみおや》神漏岐《かみろぎ》神漏美命《かみろみのみこと》以《も》ちて」とあります。神漏岐神漏美は、共に皇親《すめみおや》で、この二系は要するに天之御中主神《あめのみなかぬしのかみ》が、靈卽ち精神方面に働くのと、體卽ち物質方面に働くとの、區別から現はれた神系でありましてカミロギ系《けい》の親神樣がイザナギ神、カミロミ系《けい》の親神樣がイザナミ神です。で岐美《いざなぎいざなみ》の二神は、靈と體とを分け持って、左旋し、右旋して、萬神、萬生、萬有を生み顯はし給ふ、永遠のムスビの神、創造の神であらせられます。この二神《ふたかみ》を、單なる人體《じんたい》の神として、歴史的にのみ見てゐる從來の解釋は、大なる誤です。さて此處に岐美《いざなぎいざなみ》二神《ふたかみ》の、永遠より永遠に亙る創造の御神業を、統一あそばす大神が現はれ給ふた。換言すれば神漏岐《かみろぎ》、神漏美《かみろみ》を總統し、全高天原を主宰する、皇神《すめかみ》が現はれ給ふた。これが天照大御神であらせられます。乃ち天之御《あめのみ》中主神《なかぬしのかみ》が、三世十方に亙る、無限の創造を統《す》べ給ふ爲めに、現はれ給ふた大神が、天照大御神であらせられます。故に古語拾遺には「天照大御神は、惟《これ》祖惟《これ》宗、尊きこと二無し。因て自餘の諸神は、乃ち子乃ち臣、孰れか敢て抗せむ」と申してゐます。神漏岐《かみろぎ》神漏美《かみろみ》は、密教で申せば金剛界《こんがうかい》胎藏界《たいざうかい》、法華經で申せば釋迦佛多寶《たはう》佛に當りますが、天照大御神は神漏岐神漏美の二神統を、絶對統一あそばす。唯一の皇神《すめかみ》であらせられます。が此處に靈《かみろぎ》と體《かみろみ》との間に、無限の調和が營《いとな》まれると共に、又一面、絶大の爭鬪が演ぜられます。乃ち夫唱婦隨、靈が先じて、體が從ふ場合は、一切が頗る順調に運びますが、體系神が先じて、靈系神を凌ぎますと、其處に爭鬪が起き、騷亂が現はれます。而して、其爭鬪騷亂を鎭靜せしめて、調和伸展の途が開かれる際に、執り行はれるのが、それが每時《いつも》大祓の作法行事の根柢と成るものですから、神々の御行動と申すものは、後世の祭政を行ふ爲めに、身を以て示させ給ふ、活教訓たる旨が拜察されまして、治まる御代にも、亂るゝ時代にも、この御垂訓なくては、如何《いかん》とも手の施しようが無い事が能く判り、ありがたしとも、尊しとも、譬へ方が無いほどであります。斯樣な譯ですから、神の系統《おちすぢ》、靈系《かみろぎ》と體系《かみろみ》との御交涉、その調和と爭闘との原因、乃至之を審判し、之を解決する大祓方式等を、謹んで究めないでは、如何に古事記を研究しても、其序文に在る、邦家の經緯、王化の鴻基たる義は、到底解らなからうと思ひます。さて何故《なぜ》大國主神の御政治が、整美《みごと》に行《い》かないで、騷がしく亂れたのでせうか。あれほどの德望、あれほどの智能、あれほどの奮闘努力を以てして、尙且何故に國土奉献を餘儀なくされたか。こは大なる研究問題ではないでせうか。大國主神の國家は、八十《やそ》神等《かみたち》を征服して建てられた、征服國家であつた事が其第一で、其第二は、大國主神の神統《おちすぢ》は、神產巢日神《かみむすびのかみ》、伊耶那《いざな》美命《みのみこと》、須佐之男命《すさのをのみこと》と傳はつた、神漏美系直統の主神《ぬしかみ》で、其神統の御本質が、物質主義、個人主義、自由主義、享樂主義、民本主義であるのは、當然ですから、大國主神も、亦其の御本質を發揮されたに相違ありません。然るに此等の主義が、如何なる結果を來すかは、之を遠き神代に求める迄も無く、今現に、我等の眼前に、餘り明瞭に見えてゐる事實ではないでせうか。が併し、東洋の精神主義的文化の凋落も、亦我等のまのあたりに見せつけられてゐる事實でもありますから、考へて見れば「アヽ世界は、永遠の修羅場を以て終始するのではなからうか」とさへ思はれて參りませう。が併し此處に靈體無礙圓融の御主體たるスメラミコト（天皇）の在《おは》しますことを知らねばなりません。乃ち大國主神に國土を奉還せしめて、皇大御神の直統の御繼承者たる皇孫を降臨せしめ給ふた神統上の久遠の神約と、其宏遠なるミイヅを拜知せねばなりません。國體の明徵即ち大祓は、このイヅ（稜威）に因つてのみ、創めて可能であり且つその御威力が無限です。故に大祓詞に「天之八重雲《あめのやへぐも》を、伊頭《いづ》の千別《ちわき》に千別《ちわき》て、天降《あまくだ》し寄《よ》さし玉《たま》ひき」とあり、また「天《あま》つ神《かみ》は大磐戸《あまのいはと》を押開《おしひら》き、天八重雲《あめのやへぐも》を伊頭《いつ》の千別《ちわき》千別《ちわき》て聞召《きこしめ》さむ」とあります。天八重雲は、神世の迷妄、争闘、騒亂等を指します。假令《たとへ》いかに優れた聖者が出て、神佛道を説かうと、いかに賢明な大政治家が出て、大手腕を揮はうと、また如何に智勇兼備の英雄が出て、拔群曠世の大經綸を策立しようと、それがミイヅに出づるものでなかつたならば、到底「天《あめ》の下《した》四方國《よものくに》には罪といふ罪はあらじと、祓ひ給ひ清め給ひ」て、天壤無窮の隆運を保ち、生死を通じて、魂の救濟を爲すことは、蓋し至難否な寧ろ不可能でありませう。ミイヅは神の脈統に由て決定されます。

【參考記事】　**(1)　阿字觀**　　**興教大師撰**

此の字にうるはしき觀の候なり。阿《あ》字は是れ諸字の母なり。能く多くの字を生ずと申し候は阿字と申し候一字の眞言が一切の陀羅尼《だらに》の字をうみ出して候間、阿字《あじ》は一切眞言の親にて候なり。……一切の陀羅尼が一切の佛を生じ候なり。……アミダの寶號の他法に勝れて候も、則ち此の阿字《あじ》の候故にて候なり。……又法華經に一切衆生の心の中に佛に成るべき種子の候よしを說かれて候へども何たる物とは如來も隱して仰せ候はず候を、眞言の中に顯はして如來說かれ候なり左候間法華を千部萬部讀んでも詮なく候。但一念の心に阿字を觀じ候ほどの佛に疾く成り候はぬことは、都べて候はぬことに候なり。……此の阿字を妙に明に觀ずれば六根の諸の垢淸淨に成りぬ。六根無垢なる故に、心性も淸淨なり。猶し淸水と月輪との如し。一切の無明煩惱を除せずと云ふこと無し。（下略）

【参考記事】（2）

辭別《ことわけ》テ伊勢《いせ》ニ坐《いま》ス天照大御神ノ太前《おほまへ》ニ白《まを》サク、皇神《すめかみ》ノ見霽《みはるか》シ坐《ま》ス四方《よも》ノ國ハ、天《あめ》ノ壁立極《かべたつきはみ》、國《くに》ノ退立限《そきたつかぎり》、青雲《あをぐも》ノ靄《たなび》ク極《きはみ》、白雲《しらくも》ノ墜坐向伏限《おりゐむかぶすかぎり》青海原《あをうなばら》ハ棹舵《さをかぢ》干《ほ》サズ、舟艫《ふねのへ》ノ至留《いたりとゞま》ル極《きはみ》、大海原《おほうなばら》ニ舟《ふね》満《み》テ都《つ》都《つ》氣《け》テ、陸《くが》ヨリ往道《ゆくみち》ハ荷緒《にのを》縛《ゆ》ヒ堅《かため》テ、磐根《いはね》木《き》根《ね》履《ふ》ミ佐《さ》久《く》彌《み》テ、馬爪《こまのひづめ》ノ至留《いたりとゞま》ル極《きはみ》、長《なが》道《ち》間《ひま》ナク立《たて》ツヅケテ、狹國《さきくに》ハ廣《ひろ》ク峻國《さかしきくに》ハ平《たひら》ケク、遠國《とほきくに》ハ、八《や》十《そ》綱《つな》打掛《うちかけ》テ引《ひき》留《よ》スル事《こと》ノ如《ごと》ク、皇《すめ》太《おほ》御《み》神《かみ》ノ寄《よ》サシ奉《まつ》ラバ――（祈年祭祝詞）

第三講

『荒《あら》ぶる神等《ども》をば、神問《かみと》はしに問《と》はし給ひ、神拂《かみはら》ひに掃《はら》ひ給ひて、言問《こととひ》し岩根《いはね》樹立《きねたち》草《くさ》の片葉《かきは》をも言止《ことや》めて、』此處に岩根《いはね》とあるのは、何々教、何々道、主義、聯盟、黨派閥等唱へて、頑強な地盤を有してゐる各種團體、又樹立《きねたち》とは、地下で其根をからみ合つて、潜行的に勢力の擴大を策してゐる輩を指します。斯うした岩根《いはね》や木立《きねたち》が夫々勢力を張つて來ると、其處に必然群雄割據、爭鬪爭奪の狀態が現はれて、世の中が騒しく亂れて來ます。之が罪惡の根《ね》となるのです。草《くさ》の片葉《かきは》といふのは木葉《こつぱ》天狗《てんぐ》連《れん》の事で、神典には蠅がグヤ〳〵騒ぐのに比して、五月蠅《さばへ》なすと云ひ、また「俺《おれ》も光る仲間だぞ」と尻の光を得意がつて居る、螢火《ほたるび》なす光神《ひかるかみ》と云ひ又草木《くさき》能く言語《ものい》ふとあつて、草木までが騷ぎ立てる。實にやかましい世の中である。で先づ斯樣な者を嚴正批判して、根本的大整理を斷行せねば、皇國《すめくに》の本來の眞面目は顯彰されない。其處で荒ぶる神等をば、神問はし問はし給ひ、神掃ひ掃ひ給ひて、磐根《いはね》樹《きね》立《たち》草片《くさのかき》葉《は》をも語止《ことや》めて天岩《あめのいは》位放《くらはな》ち、天八《あめのや》重《へ》雲《ぐも》を伊頭《いつ》の千《ち》別《わき》千《ち》別《わ》きて、いよ〳〵御降臨となるのですが、天岩位放《あめのいはくらはな》ちは、放《はな》ちであつて離《はな》れではありません。皇大御神が皇孫を天の高御座《たかみくら》から離《はな》してです。「天之八重雲を伊頭《いつ》の千《ち》別《わき》千《ち》別《わ》きて天降《あまくだ》し依《よさ》し奉《まつ》りき」も、皇大御神が然《し》か爲し給ふて、皇孫を天降《あまくだ》し給ふたので、皇孫は受身の御姿です。而してその文勢は猶ほ次へも續いて「此《か》く依《よ》さし奉《まつ》りし、四方《よも》の國中《くになか》と、大倭《おほやまと》日高見國《ひたかみのくに》を安國《やすくに》と定め奉りて、下《した》ツ岩根《いはね》に宮《みや》柱《はしら》太《ふと》敷《しき》立《たて》、高《たか》天《あま》原《はら》に千《ち》木《ぎ》高《たか》知《し》りて、皇孫命《すめみまのみこと》の瑞之《みづの》御舍《みあらか》仕《つか》へ奉《まつ》りて」とあるのも、皇《すめ》大《おほ》御《み》神《かみ》の御意志で、一切が運び、皇大御神が、皇孫の天《あめ》之《の》御《み》蔭《かげ》日《ひ》之《の》御《み》蔭《かげ》と隠れまして安國《やすくに》と平らけく治《しろ》しめす、乃ち言《ことば》を換《かへ》て申せば、天照大御神が、皇孫の御體《みからだ》にお成りあそばして、カクリミに成て天降《あまくだ》り給ふたと見るべきです。この義は、畏くも、御《ご》即《そく》位《ゐ》禮《れい》並に大《だい》甞祭《じやうさい》の御儀を拝すれば、極めて明瞭するのですが、天照大御神が、皇孫の御體《みからだ》を以て、カクリミに成て御降臨あそばされたのですから、此處に天照大御神に屬する、高天原の一切が、皇孫のものと成り、天ツ神も、國ツ神も、皇孫にまつろはねばならぬことに成つたことを知らねばなりません。乃ち天上の高天原が、スツカリ地上に移つたと見てよろしいのです。また皇孫の方から申せば、皇孫は皇大御神の常にカクリミにお成りあそばされて、天《あめ》の御《み》蔭《かげ》日《ひ》の御《み》蔭《かげ》に隠れまして、安國《やすくに》と平らけく治しめすので、相互にカクリミに成り合ひ給ふて、本因本果華果同時の妙諦を表《あらは》し給ひ、一切を皇祖の御業として執り行はせ給ふが故に、書紀に高《たか》皇産靈尊《みむすびのみこと》因て勅して曰く「吾は則ち天津神籬《あまつひもろぎ》及び天津磐境《あまついはさか》を起し樹《た》てゝまさに吾孫《あがみま》の爲めに齋《いは》ひ奉らん。汝天兒屋命太玉命《いましあめのこやねのみことふとたまのみこと》宜しく天津神籬《あまつひもろぎ》を持ちて、葦原中國に降りて、亦吾孫の爲めに齋《いは》ひ奉れ」とある義に能く應《かな》つてゐることが拜知されませう。教育勅語の中に「斯の道は實に我皇祖皇宗の遺訓にして、子孫臣民の倶に遵守すべき所、之を古今に通じて謬らず、之を中外に施して悖らず」と仰せたまふ。實に忝なき極みであります。また天照大御神様と皇孫とは御一體であらせられますから、皇孫は高天原の神漏岐《かみろぎ》神漏美《かみろみ》の全體を保ち給ふ、御表現體御統一體に亘らせ給ふと申し上げて宜しいので、乃ち皇孫の御一身が高天原《たかあまはら》の御神殿《ごしんでん》—瑞《みづ》之《の》御舍《みあらか》であらせられますから、高天原の天ツ神、國ツ神が、皇孫の御玉體內に、全部祀《まつ》られて居給ふ譯です。故に皇孫の御名《みな》を「天ニギシ、國ニギシ、天津日高彥《あまつひたかひこ》、穗瓊々杵命《ほのににぎのみこと》」と申しあげます。で皇孫が、天神地祇《てんしんちぎ》を祀《まつ》り給ふと同時に、天神地祇《てんしんちぎ》は、晝夜を分たず、皇孫を全幅の力を盡くして祀《まつ》り給ひ、御守護あそばされてゐるのです。皇孫並に其御延長に亘らせ給ふ歷代の天皇は、斯樣な大御身《おほみみ》に亘らせ給ふが故に現人神《あらひとかみ》と申し上げます。斯ういふ譯なんですから、現人神《あらひとかみ》を拜することは、即ち天照大御神の常磐《ときは》に若々《わかく》しき御尊容を拜すること、又高天原のあらゆる天《てん》神地祇《しんちぎ》を拜することにも當りますので、如何なる神佛《かみほとけ》にしても、皇孫を透《とほ》し奉《たてまつ》らせずしては、拜することも其の御神德を享けることも、不可能といふ事が分りませう。この義が明瞭しないと、飛だ宗教が飛び出しますから、深き注意を要します。國體を論ずる學者は數多いが、國を肇むること宏遠に、德を樹つること深厚なりの義に徹した見解がないと、佛敎でいふ見濁《けんぢよく》に墮《だ》しますし、また天壤無窮の義が、無始無終に徹しないと、劫濁《かうぢよく》に陷り、萬世一系が久遠本有《くをんほんぬ》の義を盡さないと命濁《めうぢよく》に流れ、億兆心を一にする、四海同胞共存共榮の義に徹しないと、衆生濁《しゆうじやうぢよく》に墮し、祭政一致が根本的に其發揮を見ないと、煩惱濁《ぼんなうぢよく》を脫しませんから、五濁《ごぢよく》惡世《あくせ》と擯斥されても、致方がありません。こんな國體論では權威がありません。ですから、三世十方の諸佛如來の、何れの淨土に比しても、最尊最勝たる旨を立證するまでに國體明徵はありたいものです。五濁を超《てふ》絕《ぜつ》した皇國《すめくに》を、大祓詞に「大倭日高見國《おほやまとひたかみのくに》」と申してあります。大倭日高見國に就いて、古來の學者は其の所在《ありか》をのみ熱心に探究しましたが、それだけでは駄目です。「大倭日高見國」とは、アナタノシ、アナオモシロの無上至樂《しらく》の國、常立《とこたち》に輝く不滅の國、アナサヤケ、アナ麗《うる》はしの淨土、唯我《ゆゐが》一人《いちにん》の治《しろ》しめす國、卽ち一言に申せば、常樂我淨の輝き亘る國といふ義です。斯樣な國土なるが故に、十方世界の中心の國土として「下《した》ツ岩根《いはね》に宮柱《みやはしら》太敷立《ふとしきたて》、高天原《たかあまはら》に千木《ちぎ》高知《たかし》りて、皇孫命《すめみまのみこと》の瑞御舍《みづのみあらか》仕へ奉りて、天之御蔭日之御蔭《あめのみかげひのみかげ》と隱《かく》りまして、安國《やすくに》と平らけく治《しろ》しめさん」とある義が、最も明確に分かる事でせう。而して、一切の萬民は、この大倭日高見國を莊嚴しまつるべき、天益人《あめのますひと》なんですから、天益人等《あめのますひとら》の至幸至福は、言語に述べられない程です。して見れば、天益人等《あめのますひとら》に罪惡や災厄等は無いのが本位なのですが、それが御親を忘れると、不忠不孝の因緣から、過ち犯す罪穢が出るのです。で大祓詞には、天ツ罪國ツ罪として、幾多の罪を列擧してゐますが、大祓は如何なる罪穢が出るとしても、之を無條件で解消するのが本義ですから、敢て罪の詮議には及びませんが、併し重要な事柄も存在するので、後の講でお話しいたす事に致しませう。（後編第十講に在り）古代の式次第と、現在の式次第とは、自から異なるも、大祓は、天津宮事《あまつみやごと》即ち天上に於て行はれた、高天原の神事を根柢と爲し、之を行事する祭官は君と神との中間傳奏の臣を以て充てらるべきですから、大中臣《おほなかとみ》氏がその職を世襲したのは、當然のことで、大祓の中心三大行事として、天津金木《あまつかなぎ》を本《もと》打ち切り末打ち斷ちて、千座置座《ちくらのおきくら》に置足《おきたら》はして、天津菅曾《あまつすがそ》を本刈《もとか》り斷《た》ち末刈り切りて、八針《いやはり》に取辟《とりさ》きて、天《あま》津《つ》祝詞《のりと》の太祝詞《ふとのりと》事を宣《の》つたのでした。が、大中臣家に何時しか三大行事の失はれてより以來《このかた》、天津金木始が全く不明に陥つて、現今の解釋では極めて卑俗なものに成ってしまひ、到底大祓の尊嚴なる行事を執行する資格無きほどのものに成つてゐます。が、併し天はいつまでも寶具を埋らせてしまひは致されますまいから、天津金木《あまつかなぎ》始めが再び世に出でゝ、昭々として其威力を輝かす日も遠い事ではありますまい。我々は先師から傳ふる所の天津金木《あまつかなぎ》天津菅曾《あまつすがそ》を以て、皇典古事記始め神典佛典聖書等を研究してゐるものですが、今に幾多の學者靈覺者等に依つて、其の根本的眞價が認められ、正式の寶具としての、資格を得るにも到りませうか。世には天津金木學《あまつかなぎがく》天津菅曾學《あまつすがそがく》天津祝詞學《あまつのりとがく》なぞいふ學術は無いなぞ云ふ人がありますが、それは恐らく未だ一度も左様な學術に接したことの無いことを自家證言するに止まるものでせう。既に天津金木始めの三大行事が大祓に在る以上、之に系統を立てゝ學術的に詳述すること、敢て不可能ではない筈です。三大皇學は眞言密教流に申せば、天津金木は身密《しんみつ》學、天津菅曾は意密《いみつ》學、天津祝詞は口密《くみつ》學で、身口意《しんくい》三密《さんみつ》の作法に基いて、秘密修法を行ずることになる譯ですが、三大行事を修法する結果として、大祓詞の通り天津神《あまつかみ》並に國津神《くにつかみ》の偉大な御活躍が、果して有るかどうか。大祓の死活問題は懸つてこの義に結着する譯で、

此《か》く宣《の》らば天津神は天磐門《あまのいはと》を押披《おしひら》きて、天之八重雲《あまのやへぐも》を伊豆《いつ》の千別《ちわき》に千《ち》別《わ》きて聞《きこ》しめさん。國津神は高山の末短山の末に上りまして高山《たかやま》の伊《い》穂理《ほり》短山《ひくやま》の伊穂理《いほり》を撥別《かきわ》けて聞しめさん。此く聞《きこ》しめしてば、皇御孫《すめみま》の命《みこと》の朝廷《みかど》を始て、天下四方《あめのしたよ》國《もつくに》には罪といふ罪はあらじ

とある點を、明瞭に立證せねば、本書の目的は達しない道理です。で本講話が終了した後、再び翻つて、この頁が再検討されたいものです。果

してどの程度にまでこの講が徹底するか。そは講述者の責任たると共にまた同時に讀者研究者の努力熱誠の試練でもあるのでせう。

大祓は極めて偉大な確信を以て四大證言を與へてゐます。便ち科戸《しなこ》之《の》風《かせ》始めの四大誓言は一見比喩を以て述べてあるやうですが、こは單なる比喩ではなくて、科戸《しなこ》の風のは「風の祓」朝《あした》の御《み》霧《ぎり》夕《ゆふべ》の御《み》霧《ぎり》は「火の祓」大《おほ》津《つ》邊《べ》に居る大船のは「水の祓」彼方《をちかた》の繁木《しげき》が本《もと》をは「地の祓」で地水火風の四大の祓を示し、この地水火風の四大の祓が、次の祝詞文の瀨《せ》織《おり》津《つ》比《ひ》咩《め》始めの四柱《はしら》の祓戸《はらひど》神《かみ》の行事と成るのですから、大祓は、要は地水火風の祓と申してよろしいのです。さて風の祓は「常德」を示し、その常を破るは殺である。故に「殺罪の祓」。地の祓は「樂德」を示し、その樂を破るものは、足るを知らざるより起り、敢て盜す。故に「盜罪の祓」。

水の祓は「我徳」を示し、我を忘れて他と淫す、故に「淫罪の祓」。火の祓は「淨徳」を示す、妄語は不淨である。妄はみだる故に淨徳を汚す、これ「妄罪の祓」であると解釋されてゐます。罪惡は多いが、その根本は殺、盜、淫、妄の四惡です。精しくは後講に譲ります。

第四講

大祓詞の後段は、罪穢《つみけがれ》の解消する實際が、祓戸《はらひど》四柱の神の働きとして述べてあります。先づ「高山の末短山の末よりサクナダリニオチタギツ」とあるのは、高い山や短《ひく》い山から、水が急激な速度で流れ降ることで、この流れ降る水の中には、枯れた木《こ》の葉や、折れた枝や幹などを始め、動物の腐つたもの、土砂の碎けたものなぞが、混つたり溶けたりしてゐるから、丁度日夜を選はず、穢れたものを水の流れが掃除してゐるやうなものです。この地上の大掃除を、人格的作業と見たのが、瀬織津比賣《せをりつひめ》の働きです。斯くて大海原《おほうなばら》へ洗はれた地面の汚穢物が、持ち運ばれると其處では「荒鹽《あらしほ》の鹽《しほ》の八百路《やほぢ》の八鹽路《やしほぢ》の鹽《しほ》の八百會《やほあひ》」といふ狀態で、揉《も》まれに揉《も》まれます。而してその海底で揉まれ拔いた沈澱物が、速秋津比《はやあきつひ》賣《め》の力で、地球の内部へ送り込まれます。するとその地球の内部には、氣吹戸主《いぶきどぬし》といふ神があつて、高熱の神の力で、根國底國《ねのくにそこのくに》と名づける最底部へ吹き込みます。何れ揉まれ拔いて、元素に還元したかと思はれる程に成つたものが、根國底國《ねのくにそこのくに》に這入ると、其處には速《はや》サスラヒメといふ神が居つて、今度は地球の最低部から外方に向つて、需要してゐる部に對して、最も適當に處分し供給致します。

斯うして、最初は、地上の汚穢物老廢物であつたものが、如上の經過を經て、地球の最底部から需要してゐる部分に、處分供給されると、其が新らしい地球の滋養分となり、新陳代謝の微妙な働きで、大地が若返り〱して活《い》きて行くのでごす。で皇典では、この大地《だいち》は活《い》きてゐると見て

「生國《いくに》」と呼んでゐます。ニユートンが、神の名を聽く度《たび》に、帽子を脫いだといふ、あの敬虔な態度こそ、是非共科學者にも、在つて欲しいものと泌々思ひます。天災地變に對して、私共は科學の力を尊重し、懸命な努力を捧げて、其研究にも豫防にも當らなければならぬ事は、當然過ぎるほど當然の任務ですが、併しまた一面、敬虔なる態度を以て、神の默示に接し、宇宙大能の神秘を窺はねばならぬと存じます。天災地變の原因が單に自然現象の發動にのみ因らないで、人間の驕慢、宇宙の冒瀆、神の攝理の犯反に對する、必然の膺懲《こらしめ》であると考へることが、果して迷信であり、無智であるとのみ、一笑に附して善いものでせうか。瀕々として年毎に見舞はれる天災地變に對して、慄然として我等は愼《つゝし》み畏まねばならないのではないでせうか。天と地と人との、天地人三才一如の感應を、神典は特に深く我々に教へ且つ懇切に戒めてゐます。大祓行事は天災地變の不可抗的暴力に對してすら、祭政の威力を以て、之を解消し得べしと保證してゐます。こは現代人には、聊か承認し難いかも知れませんが、深くお考へが願ひたいと存じます。放送室で小聲で話してゐる話が、世界の端にまでも達する原理が、今一歩靈的意義を加へて來たならば、三才一如の感應は、法華經の「法師功德品」を俟たずとも、容易に信ぜられて來るに相違ないと存じます。次に大祓後段は、また人體生理を述べたものと見る事が出來ます。卽ち「高山の末短山の末よりサクナダリニオチタギツ」とあるのは、我等が食物を口の中へ入れて、上下の齒で之を嚙んで、食道を通じて胃へ送りこむ事を申したので、胃から小腸大腸へかけてが大海原《おほうなばら》に當ります。この大海原は「荒鹽《あらしほ》の鹽《しほ》の八百《やほ》路《ち》の八《や》鹽路《しほぢ》の鹽《しほ》の八百會《やほあひ》」であつて、此處で食物は烈しい力で揉まれに揉まれます。而してその咀嚼されたものは、胃や腸の壁から泌《し》み出て、それが一度は心臓内へ送られる。これが「速秋津比賣《はやあきつひめ》といふ神持カガノミテン」です。次には其が肺臓に送られ、肺臓の氣吹戸《いぶきど》主神《ぬしのかみ》が、入り來つた血液を、空氣で以て清淨にし、而して更に之を心臓へ送ります。これが「根國底國《ねのくにそこのくに》に氣吹《いぶ》き放ちてん」です。すると根國底國には速サスラヒメが居て、身體各部の需要してゐる部分へ、最も適當に處理し配分いたします。斯くて食した食物が、身體各部の滋養となつて、我等の生命が長く繼續し、健全な新陳代謝が行はれます。こんな消化器能の働き、循環系統の生理位は、小學の兒童でも知つてゐる處ですが、併しこの分り切つてゐる事柄が、偉大な神の力に因つて行はれるといふ事は知らない人が或は多いかも知れません。畏《かしこ》みの心を忘れてゐては、消化作用の理窟は分かるとしても、我等はどうして活きてゐるかといふ根本は、恐らく分らないであらうと思ひます。だからして、身體内に天災地變が起つて、疾病で苦しむことに成るのは無理からぬ事でせう。自然の現象だ。生理的機能の變調だとのみ一槪に簡單に片づけ得る見識があつたら、疾病に罹つたとて、あの醫者よ、この病院よと、大騷ぎする必要もないでせうに……大凡、疾患の根本的療法、始め、苦惱、災厄、貧窮等の根本的解決といふものは、顯、幽、兩界に亘る、神と人との必致的調和に基く、共存共榮の徹底、彼我一體、自他一如の理に賴らなければ到底成就する者ではありませんから、大祓にのみ其解決のある事が能くお判りになる事と思ひます。

胃の最も健全な人は、胃が何處に在るかを知らぬ人であるといふ語があります。若し我々が、一々意識して、胃の咀嚼をせねばならず、心臓の扉を開閉せねばならず、肺臓を伸縮させねばならなかつたなら、恐らく我等は、一秒時たりとも生きてゐる事は出來ますまい。然るにそれがどうでせう。我々が覺えも無く寢てゐる間でも、一切の機關は、忠實に働いてゐて呉れます。私の一身に、幾兆億といふ細胞さへ、統一されて完全なる「人體王國」が形成され、微妙な自治制が、無意識の間にすら行はれて居るではありませんか。あゝ此は何たる神祕でせう。斯うした私の、各組織各器官が、絶對に自己を捧げて、誠を勵んでゐる狀態、これをしも、犧牲といふのでせうか。屈従といふのでせうか。斯くする事こそ、各組織、各器官の、これが最も安全な、最も健全な存在であり得る術《すべ》ではないでせうか。あゝ、これぞ「一君萬民」の人體に表はれてゐる事實でなくて何でせう。一個人の健全不健全と、國家社會の健全不健全との間に、敢て逕庭がございませうか。して見れば、自分のものと云ふ物が果して一物でもあるでせうか。自己の業務と思つてゐる所の者も、其實、畏くも上《かみ》御《ご》一《いち》人《にん》の御《み》業《わざ》を、夫々分任させて頂いてゐる、天業への奉仕、天皇業を扶翼し奉る、祭《まつり》政《まつりごと》の尊い仕《し》業《わざ》でなくて何でせう。此の理が分れば、選擧肅正も根本の意義が立つて徹底致しませうし、また大祓も徹底し、罪《つみ》穢《けがれ》の一切が、綺麗に祓ひ淨められて來るに何等疑はありますまい。

爰に謹で憲法宣布の御詔勅を捧讀致します。

惟フニ我カ祖我カ宗ハ、臣民祖先ノ協力輔翼ニ倚リ、我カ帝國ヲ肇造シ以テ無窮ニ垂レタリ。此レ我カ神聖ナル祖宗ノ威徳ト並ニ臣民ノ忠實勇武ニシテ國ヲ愛シ公ニ殉シ以テ此ノ光輝アル國史ノ成跡ヲ貽シタルナリ。朕我カ臣民ハ卽チ祖宗ノ忠良ナル臣民ノ子孫ナルヲ回想シ、此ニ朕カ意ヲ奉體シ、朕カ事ヲ奬順シ、相與ニ和衷協同シ、益々我カ帝國ノ光榮ヲ中外ニ宣揚シ、祖宗ノ遺業ヲ永久ニ鞏固ナラシムルノ希望ヲ同ジクシ、此ノ負擔ヲ分ツニ堪フルコトヲ疑ハサルナリ

又大祓の後段は、我等の死後の靈魂の往方《ゆくへ》を述べたもので、我等の死後靈魂は、サクナダリに罪穢《つみけがれ》を持つた儘、降《くだ》りに降つて、大海原に比すべき黄泉界《よもつくに》に入り、其處で揉《も》まれに揉《も》まれる、鹽《しほ》の八百路《やほぢ》の八鹽路《やしほぢ》に出遭ひます。これが佛典に云ふ地獄と見て宜しいのでせう。而して其の揉まれた揚句、氣吹戸《いぶきど》主《ぬし》や速《はや》サスラヒメ等の神力《しんりき》に頼つて、再び新生に復活す

るといふ譯です。が此處に罪惡の甚深な者は、不消化物の如く乃至毒物の如き作用を呈して、御親の腹を痛め、血にも肉にもならないで、不自然に排泄され、冥《くら》きより冥《くら》きに入つて法《のり》の道を知らず、輪廻《りんね》の苦海に、いつまでも彷《さまえ》ふことでありませう。若し我國にも、ダンテが出て、大祓の「神曲」を書いたら、いかに雄篇が出來《でき》る事でせう。我が忠勇なる軍人の如きは、どんな荒汐《あらしほ》の汐《しほ》の八百路《やほち》の八鹽路《やしほぢ》に出遇つても、一たまりも無く難關を見事に通過して、産聲《うぶごえ》が、幾度も〳〵聞かれる事でありませう。忠臣楠正成公が、戰死に際して「七たび人間に生れて朝敵を亡ぼさん」と申されました言が、自然思ひ出される事と存じます。楠公の七生報國の思想は、佛教の影響が多分に在つた事は勿論でせうが、古事記を精査すると、大國主神は勿論日本武尊にも、慥《たしか》に煩惱卽菩提、生死卽涅槃の御信念がおありに成つたことが、信ぜられますから、宗教的宏遠な思想といふ者は、佛教渡來以前、極めて古くから、我國に存在し、萬世一系の信念に基いて、永遠の生命が信ぜられ、天壤無窮の信念に基いて宣命《せんみやう》に在る「中今《なかいま》」卽ち十方を掩ふて此處《ここ》を中心とし、三世を掩ふて今《いま》とする深遠な思想の出た事は、頗る注目すべき事と存じます。本來我國は中今《なかいま》の國ですが、時の微妙なる週期的旋律が、我々の認識を超越して幾百又は幾千の年月を以て、繰り返されるので、或時は外《そこ》から這入つて來ると見え、又或時は內から外へ及ぶと見え、或は忘れ、或は思ひ出し神の書《かき》おろされる脚本が、變轉の舞臺に盡し無く演ぜられるので、肇國宏遠、眞に言語に絕した次第と申す外はありません。蝸牛角上に或は論じ或は爭ひ、時空の大達眼を缺く墓《はか》ない人間の姿が、いかに神のお目からは憐むべきものに見えることでせう。又大祓詞の後段は、幾千年來、地上に起つた人類文化の移動を述べて、頗る妙味の深いものです。我國は世界の根國《ねのくに》底國《そこのくに》であつて、世界の各所で起つた文化が、鹽《しほ》の八百路《やほぢ》の洗練を受けつゝ、最後には一切このルツボの國日本に到着し、此處で一大統一の洗禮《せんれい》を受けて、今度は逆に日本から世界の各地に向つて、最も適當に配分され處理されませう。現に日本品が、先進國と呼ばれる國々の製品を凌駕して、非常な勢で、世界の各地へ送り出されてゐるではありませんか。單にこれは産業にのみ止まらず、或は宗教に、或は教育に或は文學に或は藝術の如きものまで、さうなるのではないでせうか。大祓の後段は、現實に盡く生きてゐます。して見れば、大祓詞の全體も亦た盡く生き通し、時の順律を保つて、或は隱れ或は顯はれ永遠に其威力を示されることでありませう。當に知るべし。我皇國は大祓の本つ國《もとくに》、祭《まつり》の主《あるじ》の國であり、而して大和民族《やまとみんぞく》は護法の民族、宣教の使徒であることを。併し此處まで述べて來て、一度現在の實狀を視る時、あゝ果して此の條件に萬事が合致してゐるのでありませうか。特に我々の日常生活の雜駁さ、思想信仰の不統一、何たる複雜さであり、亂雜さでありませう。衣食住共に斯くも雜駁な二重生活三重生活を爲してゐる民族が、果して他に在るのでせうか。思想信仰にしても、内外新舊のものが雜然と同居して居て、實に不統一な現狀ではないでせうか。神前にぬかづいて參拜してゐる人々が、何を口に唱へてゐるかを觀察したならば、其の如何に萬人が萬人、勝手次第な事を唱へてゐて、極端に云へば、滑稽にさへ感ぜられ、或は噴飯を禁じないようなものさへ、多く有りはしないでせうか。日の善惡を始め、丙午《ひのえうま》の女が結婚されないといふやうな、どう見ても迷信と思はれる事柄さへ、擧げ來ればいかに多數にのぼることでせう。融和運動が未だに徹底しないようでは「舊來の陋習を破り天地の公道に基くべし」との御誓文の聖旨が、果して何處まで服膺されてゐるかゞ疑はれませう。

第五講

大凡善とは何ぞ惡とは何ぞ。根本の基準が確立せねば、何が善か何が惡か律しようがありません。古來幾多の學者がこの問題に腦漿を絞りましたが、皇道の上から見れば、こは何等譯の無い事で、曰く「忠孝」これ善で、「不忠不孝」これ惡です。忠孝の意義は頗る宏遠で、宇宙根本の御親に對しての忠孝もある筈です。故に日蓮聖人は「法華經は内典の孝經也」と云ひ、「孝は高なり天高けれども孝よりは高からず。孝は厚なり地厚けれども孝よりは厚からず」と申して居られます。佛教の極致も、要は久遠の主《すめ》師《ゐ》親《おや》に對する忠孝に歸着するのでありませう。クリスト教とても、神を天に在《まし》ます父と呼び、主《しゅ》よ〱と呼ぶのであつて見れば、その極致は、矢張宗教的忠孝であると申して宜しいではないでせうか。父の完《まつた》きが如く汝等も完かるべし。父の御旨に從ふのは孝です。宗教の極致も忠孝、倫理道德の極致も忠孝、さうしたならば、則ち「忠孝」を以て一切の教法が統一され得べき筈です。歎異鈔《たんいせう》では「善人なほ以て往生をとぐ、いかに況や惡人をや」と申してゐますが、この善人は單なる社會的の善人で、根本に徹しない善人だから、謂はゞ僞善者です。阿彌陀《あみだ》さんも正法を誹謗する者は救濟から除くと申して居られます。正法誹謗とは不忠不孝です。我國は宗教以上の大宗教國で、スメの本ツ國ですから宗教と倫理とは絶對不可分です。故に、畏くも「教育勅語」は國民道德の至上經典であるばかりで無く、また以て、克く忠に、克く孝に、億兆心を一にして世々厥の美を濟し、之を古今に通じて謬らず、之を中外に施して悖らざる、三世十方を掩ひ、天壤無窮に輝く、宗教的最尊の經典と拜信すべきです。近時學校教育に宗教を加ふべしといふ議が、布令されてゐますが、これは當然以上の當然の事で、今まで忘れて居たのが寧ろ間違つて居たのです。併し宗教といふと直ちに佛教基督教とのみ思ふのは、固陋の見解で、我國に於ては「國體の明徵」これあるのみで、夫でもはや充分です。宗教は悉く是で盡《つく》されます。我等は佛教も味ふべし。クリスト教も味ふべし。マホメツト教も味ふべしです。が知識を世界に求めるのは要は大に皇基を振起する爲めですから、宗教を加へるとか加へぬとか論ずる必要も無く、またどんな宗教をと心配する必要も有りません。國體の明徵一本槍で貫けば、それで一切の宗教は盡されて、充分目的が達せられます。それでは何だか偏狹だと感ずる人々は、今一應、退いて深く國體の研究に精進すべきです。又近來新興宗教が雨後の筍の如く續出するのですが、彼等にしても國體の本義を解し無いならば、其は必然邪教であり、乃至安心立命の極致に達するなぞは、思ひも寄らぬことです。「國體宗教は日本民族を滿足させることが、或は出來るかも知れないが、宗教の本質はもつと廣くもつと深いもので、宗教に國境なく、平等一味、唯だ信ずることに因てのみ、享けられる無上の法樂である。信教の自由は何ものを以てするも、絶對に之を抑壓することは不可能である。日本が日本がといふが、一小邊土の日本が、爾《し》かく尊いのだらうか」といふ人がある。がこれは我々の見て居る日本を、本當に見ての批評では無いから、批評には成らず。且つ國體論と云つても從來の淺薄な國體論しか知らず、正當な批判は難い譯だが、併し從來の儘の國體論や日本主義では、もはや一般の人々を根柢から承服さすことの出來難く成つた事も、明瞭に成りました。聽けば新興宗教の多くは、病氣治《なほ》しや功利的信仰が多く、また宗教を趣味娯樂嗜好等と同樣に考へたり、或は詩や藝術に迎合させたり、乃至は純然たる哲學で進まうとしてゐるらしいが、兎も角も安價な氣休めや、功利的利己的な信心や、一寸《ちよつと》惚《ほ》れの學說に迷ふなぞは、我等日本民族の絕大な恥辱ですから、深く反省自重されたいものです。又天祖の御神勅を多くの學者は單に豐葦原瑞穗國《とよあしはらみづほのくに》の政事《まつりごと》のみを依《よ》さし賜《たま》へる者の如く解してゐますが、億兆の魂をも救護して、永遠に安らけく平らけくあらしめ給ふ。生死を一貫しての事依《ことよ》さしであつた旨を、篤と拜承されたいものです。現世《げんせ》安穩《あんおん》、後生《ごしやう》善處《ぜんしよ》の金剛の御璽《みしるし》として、畏くも三種《みくさの》神寶《かんだから》の御授受ありし事を拜知すれば、上御一人《かみごいちにん》にのみこそ、顯幽を通じて、億兆救護の大御力《おほみちから》のあらせられる旨が、判然として何等疑ひ無きに到りませう。謹で明治三年正月明治天皇の降し給へる「惟神《かむながら》の御詔勅」を拜しますと、

朕恭く惟るに、天神天祖、極を立て統を垂れ、列皇相承け之を繼ぎ之を述ぶ。祭政一致、億兆同心、治教上に明かに、風俗下に美なり

と仰せられ、上代の我國が、治教上に明らかに、風俗下に美であつたのは、國民の信仰が一つであつたからであり、其億兆同心は、また遡つて祭政一致であつたからである。而して其祭政一致は、列皇相承《う》け、之を繼《つ》ぎ之を述《の》べ給ふ、萬世一系の然らしむる處に啓源し、又其の萬世一系の根元は、天神天祖が、極を立て統を垂れさせ給ふが故であると仰せられてゐます。實に尊い限りであります。然るにこの天壤無窮の皇運、い

や榮えます中《うち》にも「而も中世以降、時に汚隆あり、道に顯晦あり。治教の洽《あまね》からざるや久矣《ひさし》」と、中世以降の衰替《すゐたい》した事實をお嘆《なげ》きあそばされ次で併し「今や天運循環百度維れ新たなり。宜しく治教を明らかにし、以て惟神《かむながら》の大道を宣揚すべき也」と仰せられ、王政復古と相並んで、神政政治の大樹立を思召《おぼしめ》し立《た》たれました、御聖慮のほどを、深く拜承致さなければなりません。斯様な次第でありましたが、時恰も、外國文化の輸入といふ、大事業が刻々迫つて參りましたので、この惟神《かむながら》大道の御勅《みことのり》の徹底が、其後六十幾年ほど遲《お》くれた感が致すのであります、が今や再び天運は一大轉廻して、日本精神の發揚が叫ばれ、建國の大理想を明徴にし、之を全世界に宣揚せんとする時を迎へた事は、何たる天の律則の驚くべき循環でありませう。大祓は祭《まつり》の徹底を政《まつりごと》の實行に移さねばなりませんから、乃ち四方の國々へ宣教使を遣はして、教《をしへ》を宣《の》り知らすことが重要な行事となります。大祓詞の終末は「四國《よくに》卜部《うらべ》等《ども》大川道《おほかはぢ》に持退《もちまか》り出《いで》て祓ひやれと宣《の》る」ですが、こは祭式に使用した祓物を、海へ流し棄てさす行事には相違ありませんが、また教法を天下四方に宣る、宣教を寓したものと見ても宜しからうと考へられます。第十代崇神天皇の御代に、勅して「民を導くの本は教化に在り。今既に神祇を禮《うやま》ひて、災害《わざはひ》皆な耗《つ》きぬ。然るに遠荒人等《こほきくにのひとども》、猶ほ正朔《のり》を受けず、是れ未だ王化に習はざるのみ其れ群卿を選びて、四方に遣はして、朕が意を知らしめよ」と仰せられ彼の四道將軍を諸國に遣はされたのは、蓋し災厄《わざはひ》を大祓された後に於ける宣教使派遣の適例と存じます。宣教は徳化の普及であるのは勿論ですが、また一面、不逞の徒を膺懲すべき征討使《せいたうし》でもあるので「若し教を受けざる者有らば、乃ち兵を擧げて之を伐て」と詔し、印綬を授《たま》ひて將軍と爲し給ふたのは當然の事でありませう。大凡我國の軍隊が出動する場合は、毎時《いつ》でも平和招來の爲めであり、德教普及の爲めであつた事は、國史の明らかに示してゐる處で、未だ嘗て他國侵略の爲めに、一度も兵を動かした事なきは勿論、其膺懲の師《いくさ》といふも常に教化普及が伴つて居た事は、頗る注目すべき事です。故に其罪を憎んで其人を惡《にく》まず、四海は同胞である。唯だ彼等の無智を愍れみ、彼等の認識不足の爲め、我が眞意が明白しないことを悲しむのみです。我國は教主國《をしへのもとつくに》として、德敎を天下四方に垂れ、又我國民は皇道宣敎の民であるから、其政治も敎育も產業も其他あらゆる一切の事業、皆悉く其根柢を「皇道宣布」に置いて永遠に進む覺悟が頗る肝要です。非常時局の打開、世界平和の樹立、躍進日本の使命、安心立命の極致、何れも皆これで徹底すべきです。而して其宣教《せんけふ》の經典《きやうてん》としては、畏くも天祖の御神勅を經糸《たていと》として、不斷に新鮮な緯糸《よこいと》が、歴代の御詔勅として、綾《あや》に尊《たふと》く織りなされますから、日進日新の大詔勅《おほみことのり》を、最尊至上の「教條」と心得て、時に應じ機に適し、永遠に枯渇することの無い、無上道を雄々しく進み行くべきです。

我國にも、幾多宗教上の教祖又は祖師宗祖等といふ者を出しました。が我國に於ける宗教上の宗祖といふ者は、佛教等を媒介《なかだち》とし、其依經を異にし其組織を種々立てゝはゐるものゝ、何れも詮じ詰めて見れば、日本精神に基いて、佛典が自由に解説され、意義づけられ、新生命づけられたと見るのが、最も適當な見解でありませう。故に或は鎭護國家を主體とし、或は王法爲本を標榜し、或は王佛一乘を高唱してゐるのは、蓋し當然の事と申すべきでせう。「夫れ國は法に依て昌《さか》へ法は人に因て貴し、國亡び人滅せば佛を誰か崇む可き、法を誰か信ずべきや。先づ國家を祈りて須らく佛法を立つべし」とは立正安國論の一節ですが、現今の如く諸教が群雄割據の狀態を呈し、諸宗が封建爭奪の狀態を演じてゐるのは蓋し教祖等の本意でも、亦當初の誓願でもなかつたでせう。大祓は、一面からは、絕大なる破壞で、岩根《いはね》樹根《きね》立草《たちくさ》の垣葉《かきは》をも言止《ことや》めてゞすが、又一面無礙自在を本質とする、尊嚴なる御行事ですから、あらゆるものを統一し、あらゆるものに滿足を與へ、あらゆるものに其の所を得しめ、あらゆるものをして、そのあるべかりし本來の姿、本來の故里《ふるさと》に立ち還らしむべき、大行事と申すべきものです。而して大祓の結果として、到達する處の者は、第一天皇を御本尊と崇めまつり、第二一切の教法が皆悉く皇道に歸一し、第三其經典が今上陛下の御詔勅であるべきです。今上陛下の御詔勅中に、歷代天皇の御詔勅が、網羅され歸一されて、其の、時機不相應なるものは、自《おのづ》から廢文の姿と成り、時機相應の者は、いづれの天皇の降し給へるものも、悉く今上のものとして、日新日進の新生命を保ち、今日を本位として聖意を輝かし給ふので、如何なる宗教上、道德上の經典、經書、聖典たりといへども、今上の御詔勅の、傍典たるに止まるべきです。ですから今上の御詔勅こそ最勝の經典にして、また以て萬教の統一聖典と申すべきです。宗教上の經文は能く暗誦して居ても、今上の御詔勅は一向知らないと云ふのでは、夫こそ本末顚倒主客錯誤の甚だしいものと云はねばなりません。科戸《しなど》の風《かぜ》は天《あめ》の八重雲《やへぐも》を吹放つ事の如く、刻々迫つて參りました。躍進日本の勇姿は、木枯《こがらし》吹く寒風の中にも、富士の峻嶺の如く、屹然としてそゝり立つてゐます。四周を廻《めぐ》る大海《おほうな》原《ばら》の鞺鞳たる波濤の音は、蓋しそれ大祓にかなづる神《か》樂《ぐら》の音でもあらうか。

爰に謹で今上陛下御踐祚後朝見御詔勅を捧讀して、前編の五講を終ります。

輓近世態漸ヲ以テ推移シ、思想ハ動モスレハ趣舍相異ナルアリ、經濟ハ時ニ利害同シカラサルアリ。此レ宜シク眼ヲ國家ノ大局ニ着ケ、擧國一體、共存共榮ヲ之レ圖リ、國本ヲ不拔ニ培《つちか》ヒ、民族ヲ無疆ニ蕃クシ、以テ維新ノ皇謨ヲ顯揚センコトヲ懋ムヘシ。今ヤ世局ハ、正ニ會通ノ運ニ際シ、人文ハ恰モ更張ノ期ニ膺《あた》ル。則チ我國ノ國是ハ、日ニ進ムニ在リ、日ニ新ニスルニ在リ。而シテ博ク中外ノ史ニ徵シ、審ニ得失ノ迹ニ鑑ミ、進ムヤ其ノ序ニ循ヒ、新ニスルヤ其ノ中ヲ執ル。是レ深ク心ヲ用フヘキ所ナリ。

夫レ浮華ヲ斥ケ、質實ヲ尙ヒ、模擬ヲ戒メ、創造ヲ勗メ、日新以テ會通ノ運ニ乘シ、日新以テ更張ノ期ヲ啓キ、人心惟レ同シク、民風惟レ和シ、汎ク一視同仁ノ化ヲ宣ヘ、永ク四海同胞ノ誼ヲ敦クセンコト、是レ朕カ軫念最モ切ナル所ニシテ、丕顯ナル皇祖考ノ遺訓ヲ明徵ニシ、丕承ナル皇考ノ遺志ヲ繼述スル所以ノモノ實ニ此ニ存ス。

大祓講話

後編

第一講

先づ、大祓の起源沿革並に式次第に就いて、簡單に紹介がして見たいと存じます。大祓の儀が何時頃から創まつたかは不明ですが、隨分古くから行はれたことは當然で、謠曲「水無月祓《みなつきはらへ》」には八重事代主神《やへことしろぬしのかみ》の創始として次の如く申してゐます。

忝《かたじけな》くも天照大神、皇孫を蘆原《あしはら》の中津國《なかつくに》の御主と定め給はんと有りしに、荒ぶる神は飛び滿ちて、螢火《ほたるび》の如くなりしを、事代主《ことしろぬし》の神などめはらひ給ひしこそ、今日の名越《なごし》の始めなれ。されば古き歌に「五月蠅《さはへ》なす荒ぶる神もおしなべて、今日は名越《なごし》のはらへなるらん」……かゝるかしこき祓《はらへ》とも、思ひ給はで世の人の、祓をもせず輪をも越えず、越ゆればやがて輪廻《りんゑ》を遁《のが》る、すはや五障の雲霧も今皆盡きぬ、時を得て「水無月《なつき》の名越《なごし》の祓ひする人は、千年《ちとせ》のいのちのぶとこそ聞け」輪は越えたり、御祓の此輪をも越えたり。眞如《しんによ》の月の輪の謂《いはれ》を、知らで人は笑ひそよ。もし惡しき友ならば、祓ひのけて交へじ。輪越えさせ給へや。（中略）名を得てこゝぞ賀茂《かも》の宮に參らせ給はゞ、御祓河《みはらひかは》の波よりも、此輪をまづ越えて、身を清めおはしませ「千早《ちはや》ふる神のいがきも越えつべし、もと來《こ》し方《かた》の道を尋ねて」迷ふことはなくとも、異方な通り給ひそ、今日は名越《なごし》の輪を越えて參り給へや。神山の二葉《ふたば》の葵《あふひ》年ふりて、雲こそかゝれ、木綿鬘《ゆふかづら》の神代今の世おしなべて、今日は名越の、祓になごめしづめて、心は清き御祓河の、波の白和幣《しらにぎて》、麻の葉の青和幣《あをにぎて》、何れも流し捨衣《すてごろも》の、身を清め心すぐに、本性になりすまして、いざや

神に參らん。此の加茂《かも》の神に參らん」云々

とあります。がこれは決して直に承認さるべき確說ではありません。舊《く》事《じ》本紀《ほんき》を見ますと天照大御神が太子押穗耳尊《おしほみみのみこと》の皇子天照國照彥《あまてるくにてるひこ》天火明櫛《あめのほあかりくし》玉饒速日尊《たまにぎはやひのみこと》を豐葦原瑞穗國に降し給ふに當つて、詔を降し給ひ、

天璽瑞寶十種《あまつしるしのみづのみたからとくさ》を授けて、若し痛處《いたむところ》有らば、玆の十寶《とたから》を持ちて、ヒフミヨイムナヤコトと謂つて揮《ふる》へ、ユラユラシフルへ、此く爲せば死人《まかるひと》も反《かへつ》て生《い》きなん。是れ則ち所謂布瑠之言本《ふるのこともと》なり。

と謂ふことが述べてあります。この痛處《いたむところ》とあるのは、單に個人としての上のみで無く、國家の非常時をも指す事に當りますので、この十種神寶の行事こそ、大祓の起源であるとも解せられますが、それが果してさうであるとは、遽に判定は致されません。

又神武天皇の御代の御卽位元年の條に、天皇天基《あまつひつぎ》を草創《はじ》めたまふ日、大《おほ》伴《とも》氏の遠祖道臣命《みちのをみのみこと》、大來自部《おほくめべ》を帥《ひき》ゐて、密策《しのびのおほみこと》を奉りて、能く諷歌倒語《そへうたさかしまごと》を以て、妖氣《わざはひ》を掃蕩《はら》へり、倒語《さかしまごと》の用ひられたること、始めて玆より起れりと日本書紀に見えます。これが恐らく大祓の儀であつたらうと信ぜられますが、これ亦た詳細なことは判《わか》りません。文献として最も明瞭に「大祓の儀」の執行されたことを傳へてゐるのは、仲哀天皇の御崩御の際、神功皇后が三韓征討の師を進め給ふに當つて、國の大祓したまふた事が、最初のようで　。「古事記」には

かれ驚き懼《かしこ》みて、殯宮《もかりのみや》にませまつりて、更に國の大幣《おほぬさ》を取りて、生剝《いきはぎ》、逆剝《さかはぎ》、阿離《あはなち》、溝埋《みぞうめ》、屎戶《くそへ》、上通下通婚《おやこたはけ》、馬婚《うまたはけ》、牛婚《うしたはけ》、鷄婚《とりたはけ》、犬婚《いぬたはけ》の罪の類を種種《くさぐさ》求《ま》ぎて、國の大祓して、また建内宿禰《たけしうちのすくね》沙庭《さには》に居て、神の命を

請ひまつりき云々

とあります。仲哀天皇以後、大祓の沿革に就いて概様を述べて見れば、天武天皇御宇五年、四方に解除を行ひ給ひ、國別に祓物《はらひもの》を出さしめしことが、日本書紀に見えますが、歴世恒例として、六月十二月の兩度と定められたるは、大寶令《たいはうりよう》以後の令制によります。

朝廷に於ける「大祓」の儀式が最も整頓したのは、「大寶令」が制定された前後で、延喜即ち醍醐天皇頃までは、極めて嚴肅に行はれたのでした。が其後五十餘年を經て、圓融天皇の御代には、既に早く衰微したことが見えてゐます。朝廷での「大祓」は宮城の朱雀門《すじやくもん》で行はれました。臨時の場合は普通は建禮門《けんれいもん》の前で行はれたが、時には朱雀門前や、八省の東廊で行はれました。六月十二月といふのも、平安朝以後は、十二月祓が廢れて、六月祓《みなつきはらへ》だけ殘りました。

「大祓」の儀式作法等の書いたものは、種々ありますが、これも後には、陰陽道などが喰ひ込んで、雜駁なものに墮落したのでした。私の考へに依りますると、「大祓」の儀式作法は、既に奈良朝には餘程其の本義が失はれてゐたかと思ひます。更に尅して申して見ますれば、もつと〳〵ズツと以前から「大祓」の根本の大義といふものは、漸次失はれて來たかと考へられます。

我國の「大祓」の義に類したものは、朝鮮にもあり、支那にもあり、上古我國が交通した周圍の各民族は、殆ど盡く之を持つてゐたのですから、「禊祓《みそぎはらへ》」といふことは、古代民族の通有の習慣であつたと申して宜しいのでありませう。斯ういふ上から「大祓」を考へて見ることも、肝要な事柄でせうが、今回は一切省略させて頂きます。年代を經るに從ひ、この神事が漸く重ぜられなくなるにつれて、祓の座に參集するものが甚だ寡くなりました。天元二年六月の大祓には、公卿一人も出仕するものなく、右少辨、上卿代となり、女史、內侍代となりて奉行した事もありました。應仁の亂後は、この儀が全く廢絕し、元祿四年六月再興せられしも、舊の如くには參りません。內侍所淸祓《ないしどころのきよめはらへ》と稱して、內侍所西庭で、吉田家が僅にこれを維持し、世襲したに止まり、また各神社に在りても、一社の神事として保存するのみであつて、本儀を失ふものが寡なく無いやうになりました。民間にても僅にその遺習を傳へ、六月大祓、これを名越祓《なこしのはらへ》（一に夏祓《なつはらへ》また水無月祓《みなつきはらへ》）と稱へ、夕刻、水邊に出でて、各自が祓を修するのみに至りました。

明治四年六月「節折《よをり》」、「大祓式」の舊儀を復興し、天下一般に修行せしむべきよし、布告せられ、尋いで五年六月、その儀を一定して府縣に達せられ、漸く現時の制を立つるに至りました。又各地方に於ても、適宜祓所を設け、地方官員及び管内臣民一般のために、大祓式を行はしめられます。

大正三年三月内務省訓令に依り、官國幣社以下神社における大祓が行はれることになりました。尚ほ伊勢神宮にては、恒例大祓の外、祈年、月次、神嘗、新嘗の各大祭の前月晦に、これが行はれます。臨時奉幣もまた同然です。

祓をハラへといふのが古い用法であるが、ハラヒと訓《よ》み慣つて來た今日であるから、ハラヒと申して差支ありますまい。また大祓のことを水無《みな》月祓《つきはらひ》といふのは、六月《みなつき》の祓だから云ふのです。大祓は十二月にも執行されるのですが、中古この儀式が衰へた頃には、一年一回六月にのみ行はれたので、大祓がミナツキハラヒと謂はれるやうに成つたのです。また六月祓を名越祓《なごしのはらへ》といふのは、「八雲御抄」に

邪神をはらへなごむる祓ゆゑになごしと云也。河邊に五十籤立て、麻の葉などにてする也。夕又夜することなり。云々

とあるので知らるゝ通りです。大祓の儀が、宮中に於て嚴重に行はれることが、漸次衰微した際に、神社に於て家々に於て、私祭の姿で行はれたことが、幾多の文献に殘つてゐるのを見ます。又節折《よをり》の御儀の起源沿革等は省略致しますが、古くは節折と大祓とは區別がありませんでした。現今の節折の御儀に就いて、星野掌典は次の如く述べて居られます。

六月三十日及十二月三十一日の午後に宮中の鳳凰の間に於て、淨衣姿の侍從及掌典長以下の奉仕にて節折の儀を行はせられる。陛下には御巾小子御小直衣を召させられ、午後二時といふに出御あらせられると、荒世《あらよ》の御服、御麻、竹、壺が供せられ、更に和世《にぎよ》の御服、御麻、竹、壺が供せられる。入御の後御麻は皇族及臣下の大祓を行ふ所へ、其の他の御贖物は皇后宮皇太后宮の御料と共に、大河―實は海へお流《ながし》になる。節折の御作法は相當世に現はれてはをるが、自分の立場としては御詳記を憚りたい云々

「神祇辭典」に依りますと、節折の御儀は、次の如く錄されてゐます。

節折（ヨヲリ）宮中にて毎年六月十二月晦日　天皇の御爲、特に行ひ奉る祓式、荒世《あらよ》和世《にぎよ》の竹の枝を折りて、御身長を量るによりて名づく。

節《よ》とは竹の節と節との間を云ふ。現時の御式は宮中鳳凰の間に御屏風を立て、御座を設く。時刻に、天皇の御贖物を供す。出御あらせらるれば、侍從、荒世の御服（荒世は白絹、和世は紅絹）を供し奉る。天皇御氣息《いき》を懸けて返し給ふ、次に御麻を進らす。天皇御親ら取りて御體を撫でて返し給ふ、次に竹にて御體を量り奉る。荒世の儀畢りて、次に和世の儀にうつる。その御式は荒世の儀に同じと云ふ。宮主口傳抄に左の如く記せり。

謂二之節折一者 以レ篠 量二五體四肢一也……次、六人部進二篠竿一先一筋献レ之宮主取傳二女官一文官取傳二命婦一命婦進二主上一主上量二御身長一返二給命婦一命婦授二女官一女官傳二宮主一宮主折二懸之一次又 献二二筋一自レ面至二御足一合量レ之宮主折レ之次又二筋献レ之 量二左右御手一自二胸中一至二指末一返二給之㆓同折㆑之　次又　二筋献㆑之　量㆑自㆓左右腰㆒至㆓御足㆒同折㆑之　次又二筋献㆑之　自㆓左右御膝㆒至㆓御足㆒宮主折㆓懸之㆒如㆑先度也（已上五度量㆓御體㆒）

節折の儀は、法規上の基礎は何も無い。慣例に依つて行はせられる。起源は勿論神代に在りませう。近古一般の朝儀衰ふるに當り、漸く其の蔭うすくなり、室町時代といはれる頃には、僅かに型ばかり拜したといふやうなことで、遂に中絶したが、明治四年御復興、其の年の六月末日から行はせられました。宮中に於ける「大祓の儀」は六月三十日及十二月三十一日、節折に次いで、賢所の前庭に於いて行はせられます。午後三時淨衣の掌典長以下著床、次で御通常禮裝の皇族の御總代及通常服の各廳の勅奏判の諸員の各總代の著床がある。此の著床が濟むと直に掌典補二人が立つて、節折の際御用になつた荒世和世の御麻に祓の稻穗を挿む。即ち御麻を祓ふのであるが、此の行事が了るを待つて、掌典長は掌典に祓を命ずる。掌典之れを承つて一人中央に進み、大麻を載せた高案を前に大祓詞を宣讀する。讀み終ると他の掌典一人進んで大麻を執り、先づ皇族、次に各廳總代に向つて之を引く、引き終ると掌典補一人、其の傍に進んで大麻を受ける。大祓詞宣讀の掌典之れを見て、大河に行つて贖物を流棄せよといふ意味を、大祓詞宣讀と同一口詞を以て之を命ずる、掌典補拜承の意を表して直に大河に向ふべく祓所を退くと、之れに續いて他の掌典補が、一人荒世御麻を、一人和世御麻を、一人皇族方の御贖物を、一人臣下の贖物を執つて之れに從ふ。之れにて式が終了し諸員退下する。

次に官國幣社以下神社大祓次第を紹介すれば、

當日社頭の庭上に祓所を辨備す。正面に新薦を鋪き、案を立て、祓物を置き、其前に祓詞の座を設け、便宜の所に地方官神職の座を設く、雨儀等に在りては、便宜の所においてこれを行ひ、時刻宮司以下所定の座に著く、次　地方官所定の座に著く、次　主典切麻をわかつ、次　宮司祓を宣す。次　禰宜祓詞を宣る。次　諸員切麻を執りて祓ふ。次　主典大麻を行ふ。次　主典切麻を撤す。次　主典祓物を執りて河海に向ふ。次　各退下

祓物――木綿一兩（常の木綿五尺を以て代ふることを得）布五尺（麻布）形代及解繩を用ふる例ある神社は、これを添ふることを得。となつてゐます。

極めて概略ですが之に止めます。

第二講

ミソギ（禊）の起原は、イザナミ命《みこと》が、火神《ひのかみ》を生《う》みました爲めに、遂に神避《かみさ》りましたのを悲み給ふて、イザナギ命《みこと》が黄泉界《よもつくに》まで御訪《おたづ》ねあそばされました時、その御身に穢《けが》れが着きましたので、御歸りの後、筑紫日向《つくしのひむかの》橘小戸檍原《たちばなのをどのあはぎはら》に於て、海水に浴して其穢《けがれ》を洗ひ去り給ふた。これがミソギの起原でありますが、このミソギの時に黄泉國《よもつくに》の穢《けがれ》から、大禍津日《おほまがつひ》、八《や》十禍津日《そまがつひ》といふ神が現はれ給ふた。これ即ち有情界《このよのなか》に穢《けがれ》や禍《わざはひ》なぞの起つた初めで、この禍を直す神として、其時、大直毘《おほなほび》、神直毘《かみなほび》、と申す神も御出生に成りましたので、大祓《おほはらひ》の行事に於ては、この直毘《なほび》の神力を以て災《まがごと》穢《けがれ》を解除することに成るのであります。が要するに直毘《なほび》の神力の結果といふものは、天照大御神の御出生を以て、其の解決を告げますから、天照大御神の御事が分かれば、それで大祓の禊《みそぎ》の儀が解決する譯です。天照大御神の御出生は、イザナギ命《みこと》が其目を洗つて生《あ》れましたと申してあります。がこの目とは、タカアマハラの眼目《がんもく》でありまして、全宇宙の一切が明瞭に見透《みとほ》せる光明遍照の中心點であります。天照大御神の三世十方に照り亘り給ふ光明は、ミクラタナノカミと申して、萬神萬生萬有を一つ宛《づゝ》の玉とした、一大聯珠《みすまる》であるのであります。この事を古事記《こじき》には、

この時、伊耶那岐命《いざなぎのみこと》いたく歡《よろこ》ばして詔《の》りたまはく、吾《あ》は子《みこ》生《う》み生《う》みて生《う》みの終《はて》に、三柱の貴子《うづのみこ》を得たりと詔《の》りたまひて、やがてその御頸珠《みくびたま》の玉《たま》の緒《を》もゆらに取り搖《ゆら》かして、天照大御神に賜《たま》ひて詔《の》りたまはく、

汝《な》が命《みこと》は高天原《たかあまはら》を知《し》らせと、ことよさして賜《たま》ひき、かれその御頸珠《みくびたま》の名を御倉板擧之神《みくらたなのかみ》とまをす。

とあります。三柱の貴子《うづのみこ》とは天照大御神と月讀命《つきよみのみこと》と須佐之男命《すさのをのみこと》とであります。がイザナギ命《みこと》の御頸珠《みくびたま》たる御倉板擧之神《みくらたなのかみ》と申すのは、佛者が一念《いちねん》三千《さんぜん》の如意寶珠《によいほうじゆ》と申すものに當りますが、この御頸珠《みくびたま》は、第二講に申した通り、神漏岐《かみろぎ》系即ち父系又は靈系と申す御系統と、神漏美《かみろみ》系即ち母系又は體系と申す御系統の、左旋と右旋との二統が、双方反對の流と成つて居りながら、互に相結《むす》んで、萬神萬生萬有を生み出す、タマノヲ（又はタマシヒといふ。魂）でありますので、何とも申し上げやうもない、尊嚴な而して靈妙な大聯珠であるのであります。が互に反對に廻る二神系が、一聯を成してゐますので、調和して其ムスビが進めば、極めて麗はしい、御織機《おんはた》が織《を》れますが、少しでももつれましたら、それこそ種々のわざはひが起り、餘り酷《ひど》くなれば、遂には其の玉之緒《たまのを》が切れて、何とも致方《いたしかた》の無い、混亂な狀態となるのであります。で天照大御神は、このミクラタナの機織《はた》を最も正しく、最も麗《うる》はしく織《を》つてゐらせられますが、此處に須佐之男神《すさのをのかみ》は右旋の神漏美《かみろみ》神力を我ものとして、天照大御神の御《み》機織《はたを》りを、最初の間は調和して營まれましたが、その中に野望を抱いて天照大御神の御機織《みはたをり》を妨害し、遂には其の玉之緒《たまのを》を切斷してしまはれたので、タカアマハラの經綸が、全く破壞されて、闇黑時代を到來いたしました。これが、

天岩戸《あまのいはこ》隱《かく》れ

と申すのであります。でこの玉之緒《たまのを》が切れて、御機《みはた》が織《を》れないとなると

その玉之緒が得《え》手《て》勝《かつ》手《て》にもつれ〳〵亂《みだ》れ〳〵て、地《ち》獄《ごく》も餓《が》鬼《き》も修《しゆ》羅《ら》も畜《ちく》生《しやう》も、踊り出るといふ狀態に陷り、殆ど拾收すべからざる混亂、毫も統一の無い、調和の毀《こは》れ盡くした、慘狀の現出するのが當然です。で思金《おもひかねの》神《かみ》や手《た》力《ぢから》男《をの》神《かみ》始め、五伴男《いつとものをの》の神々が、天安河原《あめのやすのかはら》に八《や》百《ほ》萬《よろづ》神々を集合せしめて、御協議の結果、タカアマハラの根元に遡つて、その根元からの筋目を立て、その御機《みはた》の絲《いと》（玉之緒）を整理され、御機《みはた》が完全に織《を》れるやうになさいました。これが天岩戸前《あまのいはとまへ》の大行事であるのであります。斯くて須《す》佐《さ》之《の》男《をの》命《みこと》の御亂暴を責《せ》めて、之を根國《ねのくに》へ放逐してしまはれました。これが大祓《おほはらひ》のハラヒの起原に成つてゐるのであります。故に大祓の儀は天岩戸前《あまのいはとまへ》の行事を營むのが根本に成る事が能くお分りになりませう。天《あま》岩戸前《のいはとまへ》の行事には、長《なが》鳴《なき》鳥《どり》を鳴《な》かすとか、鏡や玉を造るとか、神籬《ひもろぎ》を作るとか、天津祝詞《あまつのりと》を宣《の》るとか、天宇受賣命《あめのうずめのみこと》が踊《をど》られるとか、いろ〳〵の事柄がありましたが、要は前に申述べた通り、天照大御神の御機《みはた》の糸を整理して、如意寶珠《によいほうじゆ》の聯珠《みすまる》を完全に織つて參るのでありますから、ハラヒの目的は、玉之緒《たまのを》の整理に在りと申して宜しいのです。

ミソギもハラヒも、斯く玉之緒《たまのを》の整理であり、經綸《すじめ》の根本を確立して、平安なる宇宙《よのなか》を招來せしむる儀《わけ》でありますが、神々の御行動と申すものは、實に人智を以て測るべからざる深遠なものでありまして、斯樣な大變態を來たしたり、闇黑時代を現出させたりなさる事も、火の神を生みて神避《かみさ》り給ふ事も、黄泉國《よみのくに》を示して、罪穢《つみけがれ》の數々を顯はしたりなさる事も、又いかにも亂暴の如く見える行爲を爲さる事も、何も彼も、其の一切が、他日皇孫が地上に御降臨あそばされて、萬民を統治あそばすに當つて、如何なる變態、如何なる混亂、また如何なる暗黑に陷つても、之を解除し之を整理して、その完全なる御《こ》經綸《けいりん》を爲さしめ給ふ、大指鍼、大教訓を、豫め示し給へるものに外ならないものですから、凡眼で見て善神とか惡神とか呼んだり、彼是批判したりなぞするのは、大に誤つた事と申さねばなりません。

斯樣な譯で、天照大御神は、皇孫を降臨せしめて、豐葦原瑞穗國《とよあしはらみづほのくに》の統治に任じ給ふに當つて、畏くも三種神器の中に「八坂瓊曲玉《やさかにのまがたま》」を加へさせ給ふて、この高天原《たかあまはら》の御機織《みはたをり》の儀を傳へ給ふたものと拜察されるのであります。御機織《みはたをり》の經綸《けいりん》を、明鏡を以て、明白に照らし分け給ひ、若しももつれがあらば、寶劍を以て、圓融無碍《えんゆうむげ》に解《さ》き分《わ》けて、完全なる運行を爲さしめ給ふ御神慮こそ、尊くも畏き次第と申すべきであります。大祓は正に斯様な深遠にして幽妙なる根柢に立つて行事し給ふ、神秘的大行事でありまして、到底言語を以ては、その一端をすら述べまつることが不可能な次第であるのであります。

【註】　ミクラタナノカミ、ヤサカニノマガタマ、またイホツミスマルノタマは、一體の珠と御承知を願つておきます。

罪惡の起源に就いて、舊約書創世紀は、禁園の桃の實を、蛇の勸めに由て、イヴが喰《く》ひ、之を其夫たるアダムにも喰《く》はしたので、智惠といふものが出來た、これが人間罪惡の根源であるとしてゐる。ミルトンの失樂《しつらく》園《えん》では、その智惠の桃の實を喰へと勸めた蛇は、サタンといふ惡魔の大將で、王位繼承の事が思ふやうにならなかつたのを怨恨《うらみ》とし、惡神等と語《かた》つて、天の王座を奪はんと企て、大軍を起して強襲したから、劇戰又劇戰が續きましたが、最後の決戰にサタン軍は大敗して、再びまた起つ能はざるに到つた。そこでサタンは、深謀を廻らし、蛇に化《ば》けて人間に近づき、神の造られた寵愛物から、崩壞の策を執つたのが、この智恵の實をイヴに喰はせた策なんで、惡魔が隱密の間に其勢力を增殖する方策であつたのでした。又希臘《ぎりしや》神話《しんわ》に依れば、人類の祖とも稱すべきプロメトイスが、ゼウス大神の「人間界に火を與ふることを許さなかつた」禁戒を破り、苦難を經て火を人間界に傳へた爲め、人間界は非常に歡喜に滿ち、殷賑いやが上に繁からんとした。が、之を見たゼウス大神は大に驚き、何者が人間界に火を與へしぞと、怒髮天を衝いたが、火を奪ひ返すよりも、彼等の自滅を策するに加かずと爲し、鍛冶神ワルガンに命じて、美女を鑄しめた。而してこの美女に黃金函を持せて地上に降し、プロメトイスの弟に婚せしめた。この美女がバンドーラで、其美に技藝に知恵に……何一つとして具《そなは》らぬものが無いの意でバンドーラ姫といふ。が併し携へて來た金の小函こそはあらゆる罪惡災厄の一切を藏するもので、アテーナ女神はバンドーラに、この函の蓋を絶對に開《あ》けるなと誡められたが、バンドーラは遂に或日その蓋を開けた。すると霹靂もの凄く起つて、その函の內から疾病苦惱災厄……始めの惡魔が飛び出し、四方の空《そら》めざして翔け去つた。バンドーラは驚いて早速蓋を閉めたが、今少し遲かつたら「前知魔《ぜんちま》」といふ奴が飛び出る處であつた。此奴が出たら人はこの先き何時まで活きて、何時死ぬかが知れ、人間の不幸は一層甚だしかつたであらうと言はれてゐます。兎も角も斯うして人間界には、一切の罪惡が蔓延し、且つ根強く伸び展がつて行つたといふのです。支那の女媧《ちよくわ》神話も大體これに類似點があつて、罪惡の起源が神の禁を犯した爲めに、その呪詛に由るものとする事は、何れも同一です。古事記の皇孫御降臨後、國ツ神の女に婚せんとして美女を求められた際、大山津《おほやまつ》見神《みのかみ》の女《むすめ》、木花之佐久夜毘賣《このはなのさくやびめ》に遭ひ、吾に婚せんやと問はれた時に、父の意見が聽きたいからといふから、それでは父の意思を認めよと仰せられる。大山津見神《おほやまつみかみ》は女《むすめ》の話を聞いて、大に喜び、澤山の机代物《つくゑしろもの》を持たせ弟姫に兄姫をも添へて遣はしたが、姉の方は容貌が醜であるといふので送り還された。大山津見神《おほやまつみのかみ》はこの事を怨恨に意《おも》ふて、呪詛して天皇等の御壽命を短小したと傳へられてゐます。神の呪詛に因つて、人間界に不幸や災禍が降るといふ物語は、東西古今の神語傳說等何れも通有なものです。

考へて見ると、人類の進歩と罪惡といふものは常に並行するもので、禁戒を犯し罪惡を重ねざれば、人類には進歩が無いといふことに成ります。アダムイヴの禁園の知恵の實は、蛇の教へた如く、目を明かにする樹。智慧を與ふる樹、人間に死を與ふる樹であつたのでした。が併し動物界の永久に殆ど進歩發達の跡を示さざるに反して、獨り人間のみ、日々に進歩し發達する所以は、智惠の力に外ならず。社會の發展人文の進歩は所謂智惠の力に由る。アダムの罪惡はこの智惠を得たのであり、智惠は即ち其罪惡の結果である。若し人智の發達は社會發達の原因なりとせば從つて罪惡は人文進歩の動機でなくてはならぬ。勞働なくしては發明起らず、生死なくしては新陳の代謝なく、人文の萠芽さへ生ずるを得ない。これ果して喜ぶべきことであらうか。此意義に於て、アダムイヴ二人の罪惡の結果として、後世子孫は勞働の苦を甞めなければならず、分娩の苦痛を忍ばなければならず、苦みの後には死の神の手に奪はれて、此世を去らなければならぬ。が併しこれあるが爲めに人間界に人文の萠芽を出した者とも認められ、其罪惡の永世不滅なるは、即ち人文開展の動機が、絶へず社會に存在する所以と解することも出來ませう。特に、人間のみが使用し得る力を持つてゐる火、これを人間が得たことが、いかに人類進歩に偉大なる力を與へたことでせう。現今では火どころの騒ぎでなく、驚くべき電氣學の進歩、種々の放射線の研究、擧げ來れば、ゼウス神が驚きの目を見張つて、之を嫉視して居らるゝかも知れません。古事記に於ては、イザナミ神が火の神を産み、その火に燒かれて遂に神《かみ》避《さ》りますのだが、これも火の發見と、火の文化から起る苦勞、而して最後は死亡といふ、世界共通の神話事實でなくてはなりますまい。斯く我が國の古傳と、諸外國の古傳とには、類似點や一致點のあることは勿論でありますが、併し我國のものは、其根柢が何處までも、國家の統治とか經綸とか、萬民を同時に平等に救護して、大々的な一聯の麗はしい御機《みはた》を織つて往く、言ひ換へれば魂《たまのを》の永遠な平安を主目的として、幾多無量の錯綜した常態變態、乃至稀には極度の危局をさへ示して、常に祭政の大指導原理を、明瞭に垂示したまふ特質の存してゐる事を、決して見逃してはなりません。大祓の神事が我國に存在することは、實に實に其意義が深遠なることを、重ねて申し上げておきます。

第三講

今回から大祓詞《おほはらひのことば》に就いて、順次解釋を進めます。大祓詞が何時頃に書き綴られたものか。それは從來の學者も言つて居られる通り、明瞭には分りません。が、その中心となる文脈並に文句は、何れ遠く神代に出來たものでせうが、其後時代の變遷につれて、幾度も改作され、延喜式編輯の頃までに、最も整頓したと見るべきでせう。大祓詞の作者を、出口延佳《でぐちえんか》並に山崎闇齋《やまざきあんさい》説では、天種子命《あめのたねこのみこと》であるとして居り、卜部《うらべ》家説では、常磐《ときは》大連《おほむらじ》と爲し、多田義俊《ただよしとし》は「中臣の職事相傳して、天智天皇の御宇、右大臣金連《かなつら》、祓詞を献じ、二季の大祓に之を用ふ。猶ほ簡文なる故、文武天皇の御宇に新文を定む。大祓詞是なり」と論じてゐるが、何れも明確ではありません。
大祓詞の解釋は、古今の學者に依て、多數出來て居ますが、本書は古實の解説よりも、其眞髓を述べるのが、主旨ですから、深く其の奧底を突いて參りませう。

「高天原《たかあまはら》に神留《かみつまり》ます」

タカアマハラは前講で、タカアマハラは光明遍照の旋廻、タアマハラは旋廻して中心に集中する神力。カアマハラは圓融無碍の旋廻であると申し述べておきました。カミツマリマスとは、斯うしたタカアマハラの神力を以て、この宇宙は神が泌《ひし》と塞《つま》つておいであそばすといふことです。高天原にとあるには、「野山に花が咲く」といふ時のにではなくて、「杉型《すぎなり》に俵を積む」といふ時のにで、杉型《すきなり》といふ形《かたち》に俵を積《つむ》ので、高天原《たかあまはら》に神留《かみつま》りますは、タカアマハラといふ形《かたち》（樣式）に神が塞《つま》りますのです。從來は高天原《たかあまはら》といふ處（場所）に神が鎭りますと解釋したので、高天原といふ別個の所があることになり、高天原と神とが別々のものに成つてしまひました。神留《かみつま》りますは、カミツマリといふ一つの塞《つま》り方《かた》ですから、「カンヅマリ」と發音するのは、一つの名詞のやうに聞えて、心持ちが善いので、自然さうなるのです。この大宇宙は、神が一ぱいタカアマハラといふ樣式《かた》を以て塞《つま》りに塞《つま》つて居らせられるので、日、月、星、山、川、海、陸、動物、植物、人類、……何一つタカアマハラの神塞《かみつま》りから現はれてゐないものはありません。空氣、電氣、光線……といつたものは勿論若し地獄や極樂といふ所があるとしても、其も勿論タカアマハラのカミツマリの現象に外なりません。また心、精神、靈、生命……等の語で呼ぶものも、決して別物ではないのですから、タカアマハラニカミツマリマスといふより、偉大な事柄は他には決してある筈がありません。天地といつたり、宇宙といつたり、法界と云つたりしないで、具體的に明白に述べたのが、この高天原《たかあまはら》に神留《かみつま》りますです。故に過去現世未來といふものも、十方世界といふものも、高天原の神留《かみつま》りそのものであり、どんな所でも、亦た何時でも、神塞《かみつまり》の無いといふ所、無いといふ時はありません。この理が能く分かると、何事も能く解釋が附きます。がこれが分らないと、何もかも別々なもの、又現はれてゐる原因が、二つも三つもある事に成り、また神の居られない所なぞが出來たりして、少々位は神の目こぼしもあらうなぞづるい考も出で、神と我との關係、神の道の深刻で、嚴密であるといふ事も分らなくなつてしまひませう。タカアマハラニカミツマリマスと唱へると、自然に身がピンと惹《ひ》き緊《しま》り、心に無限の畏《かしこ》みと緊張を覺え、また我は生死を通じて、永遠に神の內に在り、神と偕に在りといふ、無限の心強さ、歡喜の情、感謝の念が、湧き起りませう。これが神道の極致です。

「**皇親《すめみおや》　神漏岐《かみろぎ》神漏美《かみろみ》の命以《みこともち》て**」

タカアマハラニカミツマリマス、其の內實を調べて見ると、それは皇親《すめみおや》であるといふのです。天地、宇宙、法界等と呼んでゐるやうな、水臭いものではなくて、我等一切萬有は、どんなものでも、盡く皇親《すめみおや》から生れ出で現はれ出たものです。斯ういふ皇親《すめみおや》が分かると、ありがたさに自然に涙が流れ落ちずには居ません。我々は死でも生きても、皇親《すめみおや》の御胎《おはら》の中に永久に居ると知つた時、果して悲しいといふ事がありませうか。恐《おそろ》しいといふことがありませうか。四海同胞といふ語がありますが、四海如きではありません。萬物同胞、天地同胞、宇宙同胞、神や佛までが同胞ですから、大したものです。その代り、若し地獄《ちごく》とか餓鬼《がき》とか畜生《ちくしやう》とか修羅《しゆら》とかいふものがあるとしたら、其も盡く同胞なんですから、大したものといふよりは、少々怖《こは》くも成つて參りませう。が併し一切同胞と判《わか》つた時に、誰でも本式の心が出で、本式の行爲がされませう。親が唯お一人であり、一切衆生が悉く皆な同胞であり、彼と我とは一體だ。自他一如だと知つた時に、本當の事柄が明確に分りもするし、また本當の行爲もされませう。これが皇道の極致です。尙ほ何故にスメミオヤとミオヤにスメを附けるのか。其は後にスメの解釋を爲す時まで一時お預けを願つておきます。

次に神漏岐《かむろぎ》は父系（靈系、精神系）神漏美《かむろみ》は母系（體系、物質系）であるといふことを申しておきましたが、これで皇親《すめみおや》が父と母とであつたことが明瞭致しませう。親と云つた時は、必ず父と母とです。私の一身にしても、精神といふ父系と肉體といふ母系との、双方のムスビから出來《でき》てゐることは、事實何の疑も無い事です。どんなものでも父母二系のムスビから出來《でき》てゐますが、併しその父母二系は、二つの別個のものでは無くて、皇親《すめみおや》といふ一體です。これを「父母一體」といふのです。而して父母から生れ出た一切の子供達は、親の形がいろ〳〵に變《かは》つて現はれてゐるといふに止まるから、親を離れて子は無い。故に「親子一體」と之をいふのです。「祖孫一體」といふ語もありますが、これは親子一體を伸して考へれば別に異《かはつ》た所はありません。祖先は過去の我であり、子孫は未來の我です。祖孫一體といふ語を忘れないやうにして下さい。これが日本國體に大なる關係がありますから。また「父子一體」といふ語がありますが、この時は父の中へ母を込めて見るのです。

命以《みこともち》てといふのは命《みこと》は詔命ですから、皇親《すめみおや》に詔命を下し給ふ御權能のあらせられる事が分ります。本來詔命《みこと》といふものは、皇親《すめみおや》以外には出せないものです。他の者の降す命令は、詔命《みこと》ではありません。從て本當の命令とはなりません。この事はむつかしく申すと、頗る込み入つた問題と成りまして、宗教、倫理、政治等の大問題と成りますが、只今はその點は略して申し上げません。皇親以外には命令權無し。これが大祓の根本とも成りますから、御記憶を願つておきます。

「八百萬神等《やほよろづのかみたち》を神集《かみつど》へ集《つど》へ賜《たま》ひ、神議《かみはか》り議《はか》り賜《たま》ひて」

宇宙の萬有は、悉く皆な皇親《すめみおや》から現はれたものであるから、その根元の皇親が「集れ」と命じ給へば一切萬有が悉く皆な集まるのは當然です。好しや他の者が集めやうとしても、根抵の眞因が無いから集りません。威力を以て集めた所で、其は本式の神集《かみつど》へで無いから、烏合の衆に過ぎません。高天原《たかあまはら》の神留《かみつまり》の集合ですから、根本の神集《かみつど》へです。此神集《かみつど》へで無くては本式の協議即ち神議《かみはかり》は出來ません。

神集《かみつど》へ神議《かみはかり》がどんな方式で行はれましたか。精しいことは元より判然致しませんが、會議に集合する神々が、何れも正しい誠心《まごころ》の方ばかりですから、投票を買收するとか、種々の不正手段を講じてこの會議に出られるやうな方は、一神も無かつたのは勿論、極めて嚴肅であり、整然として一糸紊れぬ中にも、明朗で和氣靄々たるものがあつたやうに察せられます。特に太卜《ふとまに》が中心行事であつたことが窺はれ、顏を赤《あか》らめて、激論を鬪はすといふやうな事は殆ど無く、況や暴論を吐いたり、下劣な擧動を爲したりする樣な事は、毫頭《すこしも》無くて、一意神意を畏み、神意を承《うけたま》はり神意の儘《まゝ》を執り行はんとする、至誠にのみ燃えて居られたことゝ信ぜられます。至誠天に通ずと申しますが、これが太卜《ふとまに》の行事として執行され、至誠神の如しと申しますが、これがあらゆる行事、あらゆる行爲に現はれて、八百萬の多數の會衆が、論爭《ことあげ》せぬ會議を、行はれたものと信ぜられます。好《よ》しや甲乙意見を異にする場合が、假にあつたとしても、所謂言向和《ことむけやは》して、忽ち中心目的に向つて、融和的解決がされたであらうと存ぜられます。敬神を忘れ、至誠奉公の志を失つた會衆の議事は、本來我が國の根本には痛く違《ちが》つたものであるのです。

八百萬神《やほよろづのかみ》を集合せしめると云ふ事は、如何にも至難のやうですが、之を人體に譬へて考れば、能く判《わか》るであらうと思ひます。私の一身は一個の「人體王國」ですが、私が精神統一をすれば、私の心も私の肉體全部も一つに集中さすことが出來ます。これが「人體王國」の神集《かみつど》へで無くて何でせう。一切殘らず集中するから、その全部が賛同を表して意思の決定がされる譯です。故に精神統一は、私の全能全力全體の神集《かみつどへ》であり神議《かみはかり》に相違ありません。ですから精神統一の威力は偉大です。然るに病氣にでも罹ると、どうも精神統一が至難に陷つて、彼處にも此處にも反抗者が現はれ、容易に神集《かみつどへ》が出來ません。目の惡い時には、目の痛みに氣を奪はれ、齒の痛む時には齒に氣を奪はれます。國内に賊徒が起つたようなものです。統一に對して反對黨が之をさせまいと抵抗する感が致します。人間の病氣と國内の騷擾、匪賊の横行、毫も異らない感が致します。人體王國に異常あり、囂々と腹中は鳴り、喧々と頭の中が騷ぎます「集れ」と命令しても容易に集合せず、彼方に一團、此方に一團と黨を結んで騷ぎます。甚だしきに至つては、臥褥は勿論、極度の施術も爲さなければ成らなくなり、最も甚だしい時は、遂に人體王國の滅亡すら餘義無くされなければならなくなりませう。斯く人體王國は我等に垂示を與へてゐます。大祓詞を人體王國に當篏めて解説するのは意義の深いことでありませう。今日は非常時と謂はれてゐるから、人體王國で見れば、精神統一の頗る至難な時期と解されますが、併し斯様な時なればこそ一入精神統一の緊要を痛感するや切なるものがある筈です。八百萬神等を神集《かみつど》へ集《つど》へ給ひ、神議《かみはか》り議《はか》り給ひて……と繰り返し繰り返し、大聲に奉唱する時、八百萬神の神集《かみつどへ》が、皇親《すめみおや》神漏岐《かみろぎ》神漏美《かみろみ》の勅命《みこと》に基く、絶對統一の御威力で無ければならぬ事が明瞭し、この勅命《みこと》に因り、この神議《かみはかり》に因つてこそ、荒《あら》ぶる神等《かみたち》をば神問《かみとはし》に問《とは》し給《たま》ひ神拂《かみはらひ》に拂《はら》ひ給《たま》ひて、語問《こととひ》し磐根《いはね》樹《きね》立草《たちくさ》の垣葉《かきは》をも語止《ことや》めて以下の大偉業が、スラ／＼と決行され成就される旨が、いよ／＼明確に拜知されませう。

【註】大祓詞には、神漏岐《かみろぎ》神漏美《かみろみ》が、八百萬神等を召集されたと錄してありますが、古事記等には、天照大御神と高御産巣日神《たかみむすびのかみ》とが、召集されたやうに記してあります。之を以て、古來種々議論がありますが、大國主神に對する國土奉還の件は、大國主神は神漏美系《かみろみけい》の主神《ぬしかみ》であつて、其大祖は神産巣日神《かみむすびのかみ》であらせられますので、神漏岐神漏美と申せば、高魂《たかみむすび》、神魂《かみむすび》に當りますが、大國主神の大祖が、その子孫の國土奉

還に參與されるのは、聊か理窟が合はないので、靈系の高御產巢日神《たかみむすびのかみ》と、靈體統一の天照大御神の御勅命といふ事に成つてゐる譯です。天照大御神は靈體統一の皇神《すめかみ》ですから、天照大御神御一神でも、八百萬神の御召集はされますが、それが體系《かみろみ》に對立しての事件なるが故に高《たか》御產巢日神《みむすびのかみ》と御合議になつた意義を、深く味はねばなりません。

「我《あが》皇孫《すめみま》の命《みこと》は」

我《あ》がとは、皇親《すめみおや》から見ての義で、皇大御神《すめおほみかみ》の御孫《みま》なるが故に皇孫《すめみま》です。天照大御神の太子は忍穗耳命《おしほみみのみこと》であらせられ、其の皇子《みこ》の瓊々杵命《ににぎのみこと》なるが故に、皇孫なんですが、併し「皇孫《すめみま》」の一語は、單に瓊々杵命《ににぎのみこと》御一方のみを指すのでは無く、瓊々杵命《ににぎのみこと》始め、其御延長の歴代の皇孫、即ち天皇は、悉く皇孫《すめみま》であらせられるので、皇孫《すめみま》を我々が時々天皇と申すべき所に使用致します譯が、能く御了解に成ることゝ存じます。

「豐葦原《とよあしはら》の水穂《みづほ》の國《くに》を」

豐葦原水穂國《とよあしはらのみづほのくに》を、從來は漢字に囚はれて、豐饒なる瑞々しき稻穂の垂れる國と解したが、古事記は瑞穂とは記せず、水穂と記してゐます。葦《あし》といふ語は葦牙《あしかび》とか葦船《あしふね》とかもあり、正解すれば、アシは脚《あし》であり足《あし》であり、速力《はやさ》といふ義に解すべきです。豐《とよ》は複雜多量の義もあるが、またほどよいといふ義もある。而してハラはタカアマハラのハラと同義で、旋廻の義であるから、ほどよい（又は複雜多量の）速力を以て旋廻して居る。水を表面にした國（ホは表面に現はれる義）で全く我が地球を指して申した名です。地球はほどよい速力を以て旋廻してゐる、水を表面の國（國は嶋と同義また世界をもいふ）で無くて何でせう。地球は太陽系の約中央を旋廻するので、其速度がほどよく、また其表面は水であつて太陽の熱の爲めに複雜多量の變化度を保つ、中《なか》ツ國《くに》、また水《みつ》火《ほ》の國《くに》でもある譯です。水《みつ》と火《ほ》との複雜無量の交渉狀態を示すので、千《ち》秋《あき》の長《なが》五《い》百《ほ》秋《あき》なぞいふ語も附くのでありませう。ナカツクニはアカツクニで、アカは水であるから、水の國であると解した學者もあり、我國を豐《とよ》秋《あき》津《つ》嶋《しま》といふのも、水面にほどよく陸地の現はれた國號と解してゐる學者もある所を見れば、斯樣に複雜であり、盛衰榮枯の無量の國なるが故に、特に皇孫の御統治の必要もあることかと拜察されて、いよ〳〵豐《とよ》葦《あし》原《はら》水《みづ》穗《ほの》國《くに》の、全地球なる旨が證明されるやうに信ぜられます。

「安《やす》國《くに》と平《たひ》らけく知《しろ》しめせと事《こと》依《よさ》し奉《まつ》りき」

安《やす》國《くに》は安樂の國、平らけくは平安で、分けて申せば、安《やす》國《くに》はウラヤスク二（心安國）ウラは心ですから心の平安、次の平らけくは物質生活の平安で、平等の意義も含まつたものと見る事が出來ます。シロシメセは統治あそばせの義、事《こと》依《よ》さしは事《こと》を寄《よ》す義であつて、一切を任せ切つて、さづくる義です。でこのコトヨサスといふことが、必ず皇《すめ》親《みおや》と皇《すめ》孫《みま》とのお間柄で無くては、成立しない事を知らねばなりません。委任委托といふやうな水臭いものでは無くて、親子一體の囑累です。コトヨサシがあつて、初めて萬世一系天壤無窮の義が明瞭するのです。決して何人も其任に當ることは出來ません。故にコトヨサシは絶對です。

第四講

「荒振神等《あらぶるかみども》をば、神問《かみと》はしに問《と》はし給《たま》ひ、神拂《かみはら》ひに拂《はら》ひ給《たま》ひて」

神には千早振神《ちはやふるかみ》と荒振神《あらぶるかみ》とがあります。千早振神《ちはやふるかみ》とは正しく愼密に活動する神で、荒振神《あらぶるかみ》は邪曲《よこしま》に亂暴に活動する神です。鎭魂《ちんこん》なぞする場合に自然に身體が震ひ出すことがありますが、この時、千早振《ちはやふる》と荒振《あらぶる》とが、精密に判定されます。荒振《あらぶる》といふ狀態では、決して鎭魂《ちんこん》は出來ません。況や正道を踏む神事に携《たづさ》はるなぞは到底不可能です。整然たる正道を細密に進行することは、神道に於て最も重要なる一ケ條です。また神問《かみと》はしの方は、道理を以て問《と》ひ詰《つ》めること、神拂《かみはら》ひの方は、威力武力等を以て、屈服さす事に當り、この兩方面が共に必要です。これ文武兩道の依て起る原因です。またコトムケヤハス（言向和）といふ語があります。拂ひに拂ふと云へば、暴神を放逐する事とばかり解する人もありませうが、暴神も其の處を得させ、其の力に適した處を與へれば、却て偉大な働きをするものですから、單に屈伏させ退治するといふのみでなく、其の適する境地に居らしめるといふ、皇道の弘量な而して無礙の妙諦を拜知する事が肝要です。故に大祓のことを「名《な》越《こし》の祓《はらへ》」とも稱します。名《な》越《こし》はなごめ和《や》はすを目的とする義です。彼の天照大御神に亂暴された須《す》佐《さ》之《の》男《をの》命《みこと》は、出雲地方へ放逐されてから、八《や》俣《またの》遠《を》呂《ろ》智《ち》退治始め偉大なる御功蹟を顯はされ、大國主神は國土を奉還して幽界に隱れて仕へられてから、偉大なる御威力を顯はされることに成るのです。

【註】須《す》佐《さ》之《の》男《をの》命《みこと》の放逐後の功績は、古事記日本書紀にも出てゐるので

能く人が知つてゐますが、大國主神の國土奉還後の事績は、一向に認識されて居ません。が、大に研究する必要があります。

「語問《こと》し《とひ》磐根《いはね》　樹立《きねたち》　草《くさ》の垣葉《かきは》をも語止《ことや》めて」

これは既に前編第三講で述べましたから重ねて申しません。

「天之磐座放《あめのいはくらはなち》　天之八重雲《あめのやへぐも》を伊頭《いづ》の千別《ちわき》に千別《ちわき》て、天降《あまくだ》し依《よさ》し奉《まつ》りき」

天之磐座《あめのいはくら》は天上の高御座《たかみくら》であつて、皇孫瓊々杵尊《ににぎのみこと》は、若し豊葦原水穂國《とよあしはらみづほのくに》へ御降臨が無かつたならば、當然天上の高御座《たかみくら》に登り給ふて、高天原《たかあまはら》の天皇にお成りあそばすべきであつたのに、その高御座《たかみくら》には登らしめずして地上に降し給へるが故に、天之磐座放《あめのいはくらはなち》と申してあるのです。磐《いは》といふことは、金剛不動の義で、別に岩石がある譯ではありません。天上の靈界には左様な磐座《いはくら》はありませんが、それが地上の方に成ると、物質的本位に成りますから、其が岩石と成るのが自然の順序で、國津神系《くにつかみけい》の神々の住居された所には、神座又は聖座と稱すべき、石位《いはくら》を構成されたのでした。現今各所に存在してゐる、石位《いはくら》と名づけるものは、斯うして出來た神聖座です。が併し皇孫御降臨後は、靈體和合の義を以て、天神系の神々も、地神系に倣つて、石位《いはくら》を構成されたので、天神系の石位《いはくら》と、地神系の石位《いはくら》との、二種があるのです。又た地神系は立石（メンヒル）を以て神座とし、天神系は常綠木の神籬《ひもろぎ》式であつた等の研究もあります。此等の構造に就いては、種々述ぶべきことがありますが、それは専門に屬しますから、今回は之を省略いたします。

皇孫を高天原統治の天之磐座《あめのいはくら》から放ちて、地上へ降し給ふに當つて、その道を塞ぐ天之八重雲《あめのやへぐも》を、伊頭《いつ》の千別《ちわき》に千別《ちわき》て御降臨せしめられました。

其の天之八重雲《あめのやへぐも》といふのは、我々が眼で見る雲とするのは第二義で、この天之八重雲《あめのやへぐも》は、目に見えない、高天原のもつれから生ずる邪魔物です。今日の科學から申しても、或は氣流といふやうなものがあつて、飛行機がその氣流の爲めに、種々の思はぬ危難に出遭ふことが有るやうに、目に見えない氣界には、光や電波や熱や冷氣等の、種々錯綜した無數の曲線が存在してゐますし、まだ今日の科學では知られてゐない、更に威力のある靈的な氣流も魂線等もある事を知らねばなりません。この事が解らないと、眞實天界の事が解つたとは申されません。況や氣界を制御し、自在に之を左右する事の出來ないのは當然でありませう。でこの複雜な天界に存在する、所謂一口に天之八重雲《あめのやへぐも》といふものは、どうして之を制御し自在に支配し得るかと申せば、それは伊頭《いづ》に頼る外、途が無いと申してあるのです。乃ち天之八重雲《あめのやへぐも》を伊頭《いづ》の千別《ちわき》に千別《ちわき》てとあるのです。伊頭《いづ》とは稜威と漢字を充てるミイヅです。ミイヅとは何であるかと申せば、皇《すめ》の御威光です。皇《すめ》にのみ屬する御威光がイヅで、何神も何人もこの威光《いづ》はありません。イヅといふ語は、ヤマトコトバにのみ存在して、決して外國語にはありません。故に之を譯することが出來ません。コトバの無いのに事實のある筈はありませんから、我が國體の尊嚴なる所以は、このイヅあるが故と申すことが判明致しませう。大祓が偉大な威力を顯はし得るのも、このイヅあるが故です。イヅに賴らねば、大祓は絕對に執行されません。イヅの威力が、天之八重雲《あめのやへぐも》を千別《ちわき》に千別《ちわ》くのです。千別《ちわき》といふことは、詳細に分別するといふ意義で、あるべき地位にあるべきものをしてあらしめる。換言すれば、列位列座の整備と申すことです。列位（秩序も同義）が亂れると變災が起ります。列位は嚴密なもので、その整頓配備が、一切の邪曲を匡す根元と爲るのです。例せば我等の身體にしても、四肢五體始めどんな微細なものまで、列位を保つて働いてゐます。血球の一粒でも、其の列位が亂れたら、それだけ不健全です。幾兆といふ細胞の一個でさへ、正當な列位を失つたら、それだけ不健全な譯です。況や我々の身體内に於ける、各組織各器官が、其列位を誤まることあるに思ひ及ぶ時、我等は慄然として、戒心を禁し得ない譯です。この事は皇道醫學の根柢ですが、單に之は醫術のみに止まらず、我等の家庭に、我等の國家に、社會に、工場に、商店に、何處にも當嵌め得る根本的な重要條件ですから、深く留意されたいものです。

「大倭《おほやまと》日《ひ》高見《たかあみ》之《の》國《くに》」

これは、前編第三講で概様を述べ、常樂我淨の國と申しておきましたが、天岩戸前《あまのいはとまへ》の行事は、この國の顯示に當りますから、其事を少しく申し述べませう。第一常世《とこよ》の長鳴鳥《ながなきどり》を鳴かせたのは、常世《とこよ》といふ事を立證しました。變態といふものは到底變態で、決して永遠のものではない。如何に絶大の破壞、無限の騷亂が演ぜられるとしても、達眼を以て見れば、これも亦た一種の大調和中の破調曲であるに相違のないもので、絶對の統一が、その爲めに全然威力を失つてしまつた譯では無い。「何を騷ぐか」の權威の音聲が響いた譯です。「常」の宣言としての長啼鳥《ながなきどり》の行事は、天之常立神《あめのとこたちのかみ》の御威力の發揮です。次に鏡や玉や靑丹寸手《あをにぎて》白丹寸手《しらにぎて》等を製つて、それを榊《さかき》にとりつけて、神籬《ひもろぎ》といふものを造られたのは、これは天照大神の御神體を表現したもので、その製作等の精しいことは申し上げられませんが、構成されてゐる個々物といふものは、全體の統一に對して、カクリミに成るべきものぞとの表示で、こは萬世一系の權威を示し、「我」を立證されたのです。次に一切は本來に於て淸淨なるべきものであるといふ立證の爲めに、齋場を淸め、見るものを淸淨にし、嗅ぐものを淸淨にし、聽くもの、味ふものは勿論、精神の淸淨をも宣言する爲めに、太占《ふとまに》の神事を營み、祝詞《のりと》を高らに奏して善言美辭を盡くし、特に一同が聲を合はせて、高調同聲にスメの合唱を致されました。スメとは淸《す》めよ淸淨たれとの大神の勅命です(この事は後に精しくお話します)このスメの合唱は「淨」の宣言です。あらゆる穢濁を祓ふ行事です。而してこのスメの合唱を指揮する爲めに、高い臺上へ登つて指揮棒《たふさ》を揮はれたのが、妙齡の美女、天宇受賣命《あめのうずめのみこと》で、狂態と思はれるほど、狂ひ舞つて指揮されました。あまりの面白さに八百萬神は、高聲に笑つて笑ひ拔きました。がこれは單におかしくて笑つたのみでなく、高天原は永遠の至樂界である。苦患の變態も要は樂の一部である。苦樂は一如で、苦が樂を如何ともすることは出來ないといふ「樂」のこれが宣言です。これで天岩戸前の行事が「常、樂、我、淨」の宣言であり、立證であつたといふ旨が、能くお分りになつたことゝ存じます。

「下津《したつ》磐根《いはね》に宮柱《みやはしら》太敷立《ふとしきたて》、高天原《たかあまはら》に千木《ちぎ》高知《たかし》りて」

これが前に出てゐる、天磐座《あめのいはくら》放《はな》ち、天之八重雲《あめのやへくも》を伊頭《いづ》の千別《ちわき》に千別《ちわき》てに相照應してゐることを、先づ以て知らねばなりません。即ち皇孫の御降臨に因つて、天之磐座《あめのいはくら》が、地上へ移つて、地上磐座《いはくら》の成立を見たのが、この下津磐根《したついはね》に宮柱太敷立《みやはしらふとしきたて》てであり、また天之八重雲《あめのやへくも》を伊頭《いづ》の千別《ちわき》に千《ち》別《わき》てが、地上へ降っては、高天原《たかあまはら》に千木《ちぎ》高知《たかし》りてとなるのです。これは勿論宮殿の御築造を申すのですが、その宮殿の御築造が、即ち天上の高《たか》御座《みくら》が、地上の高御座《たかみくら》に遷つた、何よりの證據となる譯です。而して高《たか》御座《みくら》の擴大されたものが宮殿であり又國家であるのですから、宮殿《みや》と高《たか》御座《みくら》とを離して考へてはなりません。我々が天皇陛下の御事を、直に御皇室と申し上げ、御皇室即ち陛下であらせられると考へてゐる思想は、此處から出る譯です。國家また御皇室であり、國家また高御座《たかみくら》であると申すことも、出來得るかと信ぜられます。斯様な譯で、宮殿の御築造は下津《したつ》磐根《いはね》に宮柱《みやはしら》を太敷立《ふとしきた》つる事であり、また同時に、高天原《たかあまはら》に千木《ちぎ》高知《たかし》る事ですから、御宮殿は、地上に於ける、金剛不動の磐座《いはくら》であり、また直に、高天原に通ずる千木《ちぎ》の高知《たかし》りである事が分りませう。これを文の形容とか修辭とかのみ見てはいけません。宮柱《みやはしら》は金剛不動の下津磐根《したついはね》に建つてゐるし、その屋上に交叉した形で、高く聳えてゐるあの千木《ちぎ》は、高天原《たかあまはら》の表示である旨を知らねばなりません。斯樣な次第ですから、宮殿御造營と申す事より、大なる意義を保つ行事はありません。故に神武天皇は、其の宮殿御造營に當つて、左の詔勅を賜はつてゐます。

夫れ大人《ひじり》の制《のり》を立つ、義《ことわり》必ず時に隨ふ、苟くも民に利有らば、何ぞ聖《ひじりの》造《わざ》を妨《たが》はむ。且《ま》た當に山林を披拂《ひらきはら》ひ宮室を經營《をさめつく》りて、恭みて寶位に臨み、以て元元《おほむたから》を鎭むべし。(日本紀)

我々の如き者でも、先づ身が落着く爲めには、家屋を建設するのが第一條件で、家屋が定まつてこそ、家庭生活の第一歩が始まる譯です。住宅が確立してゐるか何《ど》うかで、其人物の恒心《おちつき》度を計るバロメーターとする事が出來ませう。斯く家屋の建設といふものは、重要なものでありますが、それが御宮殿即ち國家といふ如き、大きな事件から申せば、安國《やすくに》と平《たひ》らけく知《しろ》しめすべき、稜威《いつ》の御根柢が、祝詞《のりこ》に在る下津《したつ》磐根《いはね》に宮柱《みやはしら》太《ふさ》敷《しき》立《たて》、高天原《たかあまはら》に千木《ちぎ》高知《たかし》りて」の必然が拜されて、この一句が如何に尊嚴さを覺えることでせう。

【註】　延喜式祝詞の中に「大《おほ》殿《との》祭《ほがひ》」と申すのがあります。こは宮殿築造の祝詞には相違ありませんが、此祝詞を、國家建造並に其經綸の述べられて居る者と見て解釋すると、非常に深遠なる意義が含蓄されて居るやうに信ぜられます。一言申添へておきます。

「皇《すめ》御《み》孫《ま》之《の》命《みこと》の瑞《みづ》之《の》御《み》舍《あらか》仕《つか》へ奉《まつ》りて」

前編第三講で、皇孫の御玉體即ち瑞《みづ》之《の》御《み》舍《あらか》であらせられる旨を申し述べました。御玉體が瑞々しき御社殿として、皇親《すめみおや》神漏岐《かみろぎ》神漏美《かみろみ》を始め奉り、八百萬神が、盡く鎮まり給ふ事を拝する時、現人神《あらひとかみ》と申し上げる意義が明瞭するとも申し述べておきました。我國では天皇の宮殿もミヤと呼びました。ミヤは御屋《みや》の義で、御座《ござ》あらせられる御屋《みや》は、また直に其内に在らせられる御方をも指しまつるので、神皇一體の義が、ミヤの一語にも存在してゐたのです。中世に至り神を祀る神殿をヤシロと稱《よ》んだが、ヤシロは屋代《やしろ》で、御屋《みや》の代《かは》りの義に過ぎません。また社殿をホコラと云ふは、ホは神聖な神體でコラはクラの轉卽ち庫《くら》ですから、ホの庫《くら》の義に過ぎません。故に古來社號よりも宮號の方が尊いとされてゐた理が、コトバの上からも明瞭いたしませう。出雲大社の如きも、記紀二典を始めとして、古くは天日隅宮《あめのひすみのみや》とも、杵築宮《きづきのみや》とも、又た出雲大神宮ともいつて必ず宮《みや》と稱へましたが、王朝時代に、いつしか民間の俗稱に從つて、出雲大社《おほやしろ》といふ樣になつたのでした。瑞之《みづの》御舍《みあらか》は宮《みや》に屬する稱で結構の麗美といふ義が伴ひますので、瑞之《みづの》と申すのです。

宮殿と御玉體とが一體であらせられるといふ思想は、我が民族の根本的な強い信仰でありまして、陛下をミカド（御門）と申し上げる語に見ても現はれて居ますし、後には名門の人々を指して「殿《との》サマ」「御館《おやかた》」といふ語も出ました。俗人の家でも「今日は宅《たく》はまだ歸りません」と云へば、主人の歸らないことであり、「宿《やど》が斯《か》う申しました」といへば主人が申したといふことに成つてゐます。「家、人一體」の思想は、家族制度の大なる根柢とも成つてゐるものであります。斯うした意義から、我が身の内にも、神宿り給ふといふ「神人一體」の思想も、自から出て參ること丶信ぜられます。
瑞之御舎《みづのみあらか》と申す語には、生々伸展の無限の新らしさを保證する義も窺はれまして、瑞々《みづく》しく日に進み日に新たに、永《とこし》へに御榮えまします、いとも目出度《めでた》き御名であるのであります。瑞之御舎を人格的に拜しまする時、下津磐根《したついはね》に宮柱太敷立《みやはしらふとしきた》ては、金剛の大信念が、此處に確立してといふ義と成り、この大信念の金剛の地盤の上にこそ、高天原《たかあまはら》に千木高知《ちぎたかし》りて、雄々しく明朗なる大活動大伸展が可能といふ事にも解せられませう。

「天之御蔭《あめのみかげ》　日之御蔭《ひのみかげ》と隱《かく》りまして安國《やすくに》と平《たひ》らけく知《し》ろしめさむ」

皇孫を瑞之御舎《みづのみあらか》として、皇親《すめみおや》は天之御蔭《あめのみかげ》日之御蔭《ひのみかげ》と隱《かく》れまして、豊葦原水穂國を安國と平らけく治しめすのであります。天照大御神は、天上に在《おは》しますと見るので、皇孫御統治に對しては、天之御蔭日之御蔭《あめのみかげひのみかげ》と成り給ふ譯です。天之《あめの》といひ日之《ひの》といふ所に、注意を要します。天之《あめの》は平等を意味し、日之《ひの》は無限の慈愛を意味し、天の如く、日の如く、雄大尊嚴に在《おは》しまし、又平等無量の大仁慈の親心を以て安國《やすくに》と平らけく治しめすのです。而して地上に住する者は、水の如く地の如く、此の廣大なる御《み》徳《とく》を仰いて、皇孫御經綸の翼賛に當り參らすので、天地互に相和合して安國《やすくに》と平らけき統治が、無窮の發展を見る次第であります。

第五講

「國中《くにうち》に成出《なりいで》む、天之《あめの》益人等《ますひとら》が」

天之《あめの》益人等《ますひとら》とは、我々國民の事でありますが、それを何故天之《あめの》益人《ますひと》と申すかといふに、益《ます》はます〳〵増加して繁榮する義で、人類は益々殖え榮えて參るので、益人《ますひと》なんですが、併し天之《あめの》となぜいふのでせう。天之益《あめのます》人《ひと》の解釋は、まづ人《ひと》といふ義の解釋からせねばなりません。ヒトとは日《ひ》止《と》であつて、日《ひ》を此處に止《と》めてゐる、此處とは身體で、身體に日《ひ》を止《と》めてゐる、日を宿してゐる、故にヒトです。皇大御神の御徳を、各自が宿してゐる、故に男子を日子《ひこ》と云ひ、女子を日女《ひめ》と云ひ、男女を總稱して日《ひ》止《と》（人）といふのです。で日を宿してゐないものはヒトではありません。例を以て申し述べて見れば、土で土器を製つて、其器の中へ水を一杯湛へてゐる。これが我等の身體です。茶碗に水を盛つた我等の身體へ、天日がどの水にも映《うつ》つてゐる、どの器の水にも天日が、最も正しく降つて映《うつ》つてゐる。故にヒトです。天日を映《うつ》してゐるから天之益人《あめのますひと》です。茶碗は幾らでも製作されますから、ますます繁榮します。何處までも殖えますから、天之益人です。が益人だからとて、無限に殖えては、この地上が人で埋つてしまつて、生存が不可能に成る。故に此處に新陳代謝の神理が働いて、人の身の上に、生老病死といふことが行はれ、人は生れ老い而して死んで往く。故に無限に地上に人は殖えることがありません。が併し、死でも死でも、後から後から復た生れて來るので、益人《ますひと》の義は頗る妙趣があります。神武天皇以來、日本だけにしても、幾京兆億の人が此處に生れたことでせう。いかに多くの人が生れて來ても、天日卽ち皇親《すめみおや》の御德は、どの茶碗の水にも平等に宿り、無量に仁慈を垂れさせられ、去るものは追はず、來るものは拒まず、何時でも心水に映じ給ふのです。あゝ何たる幽幻微妙喩へ方ない御鴻德でありませう。ヒトの身を稟けながら、この御鴻恩を知らないのは不愍《ふびん》なことです。

我々の心水には、常に日の御影《みかげ》が映《う》つるのであるから、考《かんが》へといふ語を「カミムカヘ」と解いてゐる人があります。我々の考《かんが》へ、我々の心《こゝろ》といふものは、神を迎へて、創めてヒトたる正しいものが得られるといふのです。心水が動搖してゐては、天日の御影が正しくは映らず。光がくだけてしまひます。少し搖《ゆ》れても日の形が歪《ゆが》みます。大きく動けば、全く日の御影は亂れてしまひ、餘り強く動けば、器の外へこぼれてしまふことに成ります。心水が無くなつては、天日は全然映らないから、ヒトで無いのは勿論、これを天《あま》岩《のいは》戸《と》隠《かく》れと申しても宜しいのでせう。

「過犯《あやまちおか》しけむ、雑雑《くさぐさ》の罪事《つみごと》は」

ヒトの正しい精神を常に保つて居れば、決してツミもケガレも起りませんが、どうも茶碗の水が動揺して、心水に日の御影が正しく映らない。其處で種々の罪悪が起ります。なぜ茶碗の水が動揺するかと申せば、茶碗が何かの原因で動くか、外部から風でも來て動かすか。兎も角も内からと外からとの二つの原因があります。故に罪悪の原因は、内外の二重を考へなければなりません。で茶碗を先づ、最も安全な所に置くことが肝要です。これが下《した》津《つ》磐《いは》根《ね》に宮《みや》柱《はしら》木《ふと》敷《しき》立《たて》とある所に關聯して來ます。いかに安全な所に置いた積りでも、大地震でも來れば、先づどんな茶碗でも、ころがつてしまひ、其の多くは毀《こは》れ割《わ》れてしまひませう。故に地震が來てもころがらない、毀れ割れない所を撰ぶ、これ下《した》津《つ》磐《いは》根《ね》の金剛不動の信念樹立を要する譯です。が多くの人は、斯樣な地盤を撰ぶことを忘れて、鳥渡《ちよつと》しても直に搖《ゆ》つて茶碗の墮ちるやうな所にばかり載せて置くので、甚だ危險千萬なことです。で天之益人《あめのますひと》と、名のみはいかにも立派ですけれども、ヒトの本質を保つことの出來ないものが多數に成ると、荒ぶる神が、一時に何千何萬といふ人を殺すやうな地震を起すのです。故に殖えるやうでも、急速に鼠算には人が殖えません。が近時は日本は勿論、世界全體の人口が、増加する樣に傳へられてゐて、頗る慶賀に堪へませんが、併しまた一面、荒ぶる神がどんな面《つら》してほくそ笑《ゑ》んでゐるかを考へると、慄然たらざるを得ない氣も致します。外部から來る最も怖るべきものは、風であるが、この風に對して、絶對安全なる方式を示されたのが、高天原《たかあまはら》に千木高知《ちぎたかし》りてです。が地震に對しても、大風に對しても、我等はその無力なることを、泌々《しみ〴〵》と感ぜさせられます。それかと云つて、金剛不動の信念を樹立せよ。天地に滿ち亘る精神威力を發揮して、生死をも超絶し、無窮の生命界に入れよと勸められても、夫は容易に萬人には望めません。一般大衆には殆ど不可能です。ではどうすれば宜いか？

此處まで來ると、創めて大祓の儀が明瞭して來て、その尊嚴さ偉大さが、泌々と身にしみて參りませう。「萬人よ我が膝下に來れ」、「萬人よ我が家に入れ」と呼び給ふ聲は聽えませんか。我が瑞之御舍《みつのみあらか》は下津磐根《したついはね》に宮柱《みやはしら》太敷《ふとしき》立《た》てたる、神の建て給ふ家である。我が家は高天原《たかあまはら》に千木高知《ちぎたかし》りて、神の造り給ふ家である。我が家に來り、我が膝下に來るものは、永遠に安く、無窮に平らかである。各自が夫々に家を建てる必要は無い。各自が修業して、それを築造するに先立つて、既に皇神は爾曹《なんぢら》の入るべき家、爾曹《なんぢら》の安《やす》けく平《たひ》らけき安住所を建て置き給ふたのである。我が御門《みかど》に來るものは、盡く入ることが許される。三界の火宅にうめきあげき疲れ果てたる萬人よ、速に來つて大祓の齋戒をうけて、衆苦の中より避れよと呼び給ふ聲が聽えないでせうか。爾曹《なんぢら》の罪惡は無條件に祓はれるのである。天津罪も國津罪も無量の罪穢も、我が家法たる大祓を以てする外には、解消の道なきものである。この憂《う》き世の諸の厄災、この荒ぶる神等の慘酷なるふるまひ、其等をも盡く祓ひ盡くして、心水の平安が永遠に保たれる、此の齋《ゆ》庭《には》に集れと命じ給ふ御聲が、なぜ斯くも長年月に亙つて萬人の耳に達しないのでせうか。

「天津罪《あまつつみ》、國津罪《くにつつみ》、許々太久《ここたく》の罪《つみ》」

これは別に一回解釋することに致します。

「天津宮事《あまつみやごと》　以《も》ちて」

天津罪國津罪が出たならば、先づ天津宮事《あまつみやこと》即ち高天原の本義に立脚して、皇親《すめみおや》の定め給へる法《のり》のまに〳〵執行することが肝要です。天津宮事《あまつみやこと》以外の方式を以て爲《な》しては、到底成就いたしません。天津宮事《あまつみやごと》の外に、罪惡解除の根本方式は無いのです。「天津宮事《あまつみやごと》以《もち》て」は、大祓の憲法で、實に嚴肅なる一語です。

「大中臣《おほなかとみ》」

中臣氏《なかとみし》は天岩戸前の行事に祝詞を奏し、皇孫御降臨に副從して降られた天《あめの》兒屋《こや》命《のみこと》の子孫で、歴代祭祀の重職を世襲致されました。中臣《なかとみ》を大中臣《おほなかとみ》と呼ぶやうに成つたのは、神護景雲三年の條に、中臣朝臣淸麿に大中臣の姓を賜はつてからのことです。中臣《なかとみ》とは神祇官にして、神と君との御中《なか》を奏請するが故にいふ稱で。中取臣《なかとりをみ》のつゞまりたるものとも、中津臣《なかつをみ》であるともいろ〳〵解釋はありますが、兎も角も中といふ事は、神典の上では頗る意義深く、天之御中主神の中の意義、岐《いざなぎ》美《いざなみ》二神のオノコロ嶋を中心に國土創造を遊ばされた意義、イザナギノミコトの中《なか》ツ瀨《せ》ミソギの意義始め、皇都建設が六合《くに》の中心地帶である意義なぞ、皇道の深遠な中《なか》の義を總合して、中臣《なかとみ》の聖職は考へたいものです。何れに偏するも中ではありません。一點の曇があつても、一點の邪があつても中臣の職は務まりません。純白無垢であり、不偏不黨の超然たる位が、中臣の位です。例せば天秤の中點の如き位です。この位に在つてこそマツリの行事が出來るのです。マツリの語源は、マツラフ卽ち齋《いつ》き仕《つか》へ奉《まつ》る義から來たものと謂はれてゐるが、マツリはまた、眞釣《まつ》りであつて、天秤《てんぴん》の一方には神律の法馬《たま》を置き、一方には計量せんとする物を置いて、之を平準に眞釣《まつ》り、神律のまゝ行ひまつる事でもあるので、祭も政もこの「眞釣《まつり》」の義を本とすべきです。

「天津金木《あまつかなぎ》を始めの三大行事」

天津金木始めの三大行事に就いては、專門に屬することが多いから、精しくは申し上げられませんが、別に講を改めて述べることに致します。但し天津金木《あまつかなぎ》の行事は、「國中《くにうち》に荒《あら》ぶる神等《かみども》をば、神問《かみと》はしに問《と》はし給《たま》ひ」に照應し、天津菅曾《あまつすがそ》の行事は「神拂《かみはら》ひに拂《はら》ひ給ひて」に照應し、天津祝《あまつのり》詞《こ》の行事は「語問《こととひ》し磐根《いはね》樹《きね》立草《たちくさ》の垣葉《かきは》をも語止《ことや》めて」に照應する筋がありますから、この三大行事に、罪惡解除の威力ある旨が窺はれ、また天《あま》津《つ》金木《かなぎ》行事は「下津《したつ》磐根《いはね》に宮柱《みやはしら》太敷立《ふとしきたて》」に照應し、天津《あまつ》菅曾《すがそ》行事は「高天《たかあま》原《はら》に千木《ちぎ》高知《たかし》りて」に照應し、天津祝詞太祝詞事《あまつのりとのふとのりとごと》は「皇孫命《すめみまのみこと》の瑞之御舍《みづのみあらか》仕《つか》へ奉《まつ》りて、天之御蔭日之御蔭《あめのみかげひのみかげ》と隱《かく》りまして」に照應する筋合があり、三大行事を修すれば、安國《やすくに》と平《たひ》らけく知《しろ》しめさむの實現可能が、保證される事を申し副へておきます。

「如此《かく》　宣《の》らば　天津神《あまつかみ》は天磐門《あまのいはと》を押披《おしひら》きて、天之八重雲《あめのやへくも》を伊頭《いつ》の千別《ちわき》に千別《ちわき》て聞《きこ》しめさん」

三大行事が執行され、天津金木《あまつかなぎ》行事天津菅曾《あまつすがそ》行事を修し、天津祝詞太祝詞《あまつのりとのふとのりと》事《ごと》を宣《の》れば、天津神が之に感動して、天磐門《あまのいはと》を押披《おしひら》き給ひ、天之八重《あめのやへ》天津神は神漏岐雲《くも》を伊頭《いつ》の千別《ちわき》に千別《ちわ》きて御承認に成ると申すのです。天津神は神漏岐系の神で、靈本位の神です。（天津神國津神を天神地祇《てんじんちぎ》と申すこともあります。）この本文を前の皇孫御降臨の條の文と比較すると、天之八重雲《あめのやへくも》の方は全然同一であつて、

天之磐座放《あめのいはくらはなち》が……天磐門《あまのいはさ》を押開《おしひら》き

と成つて居ますから、天之磐座《あめのいはくら》と天磐門《あまのいはさ》との一致が聯想されて參りませう。天之磐座《あめのいはくら》は天上の高御座《たかみくら》と申し述べておきましたから、天磐門《あまのいはさ》は其高御座《たかみくら》の門であることが拜察されるかと存じます。高御座《たかみくら》の門扉を閉してゐるのは、畏くも皇位の尊嚴を認めずして、之を閉してゐる、忘れてゐるといふことで、これでは世の中が闇黑になるのは當然でありませう。皇孫の御降臨は、天上と地上とを、一直線に見透し、通じ合ひ給ふ所に、

尊嚴なる無限の意義があるのに、其の天上の磐座《いはくら》が閉されて、地上は暴神等の勝手氣儘《かつてきまゝ》の跳梁に委せてゐるのでは、變災の激甚を極めるのも當然で、これでは天之御蔭《あめのみかげ》も日之御蔭《ひのみかげ》も、地上には映じません。萬民の茶碗の心水が、ぶちあがつた狀態とでも申しませうか。萬民の心水に、皇親《すめおや》の天之御蔭日之御蔭《あめのみかげひのみかげ》が、明らかに正しく映じ出された時こそ、創めて天磐門《あまのいはと》の扉の押開かれた時と申すべきです。で我々が單に肉體をのみ愛し、肉の命令にのみ盲從して、利己主義に陷り、我慾のみ募つて、迷妄な心境に陷つたならば、天津神は天磐門を閉して幽居するより致方がありますまい。天日の光が、天八重雲《あめのやへくも》に覆はれては、いかに昭々たる天日も、地上を照らさないのが道理で。天之八重雲《あめのやへくも》とは、思想の迷雲であり信仰の混亂である。我等の心水が、驕慢の爲めに、水蒸氣に成つて天上に騰り、怪しい天《あめ》之《の》八《や》重《へ》雲《くも》に成る譯です。

「國津神《くにつかみ》は高山《たかやま》の末《すゑ》短山《ひくやま》の末《すゑ》に上《のぼ》りまして、高山《たかやま》の伊穂理《いほり》短山《ひくやま》の伊穂理《いほり》を掻別《かきわ》けて聞《きこ》しめさむ」

今度は、體本位の國津神《くにつかみ》の方の事で、此處に國津神のことが出てゐるのは、意義が頗る深いのです。若し國津神の事が無かつたならば、大祓は理想に止まつて、現實の功果が顯はれないかも知れません。皇孫御降臨の時は、天津神の發動のみでも宜しかつたのですが。地上へ降り給ふては瑞《みつ》之《の》御《み》舍《あらか》の御建設がどうしても御必要であつた如く、大祓の行事には、是非共國津神の大々的贊同、滿腔の承認が必要です。此處に國津神が躍り出でたので、大祓神事が天と地との照應の大行事と成り、靈體和合し、精神界も物質界も、共に大整理され、その無限の伸展、その無量の繁榮が、冀待されることに成る譯です。國津神《くにつかみ》は高山《たかやま》に登り、短山《ひくやま》に登つて、天津神の光明を仰ぎ認められ、地上一面を覆つてゐる、熕蒸の氣を拂はれます。イホリはイブリ（熕）と語原を同じくする語で、靄《もや》や霧《きり》や煙《けむり》等で、高山短山を籠めてゐるのを、うつくしく拂ひ去られるので、地上がすがすがしく、清淨に成るのです。高山は高位高官の世界、短山は低い地位の世界で、一般國民の間に蔓《はびこ》つてゐる毒瓦斯と見るべきです。高山にも低山にも、毒瓦斯が群りこめて居たのが、國津神の御力で拂はれるのです。尙ほ天津神の方の行事を、祭本位とすれば、國津神の方は、政事本位で、天津神國津神の一致の御行動に因つて、祭政一致の大義が成就すると見ることも出來ませう。また高山の伊穗理《いほり》も、低山の伊穗理《いほり》も、共に高知識階級低知識階級で、これは思想上の方面に屬し、專ら物質上生活上の方面は、次の祝詞に「高山の末短山の末より、サクナダリニオチタギツ以下の、海洋の條に之を見るべきであるといふ解釋も附くのであります。

第六講

「皇御孫之命《すめみまのみこと》の朝廷《みかど》を始《はじめ》て、天下四方國《あめのしたよものくに》には、罪《つみ》と以ふ罪《つみ》は在《あ》らじと」

天津神國津神《あまつかみくにつかみ》の偉大なる御活躍に因つて、天上も地上もすつかり清浄に成れば、皇孫の朝廷を始めて、天下四方の國には、罪といふ罪は解消されてしまふといふ事で、天下四方の國と指すのは、勿論その當時の日本國内を申すのには相違ありませんが、また天下四方國は、全世界を指したものと、豐葦原水穗國《とよあしはらのみづほのくに》の解釋上から、さう推斷して差支ありますまいし、又た皇孫の御降臨が地上のあらゆる國てふ國を、餘さず治《しろ》しめすべき、至仁至愛の御降臨であつたばかりで無く、廣義には三世十方統治の意義さへ籠つてゐるものと拜察されますから、天下四方《あめのしたよも》の國の意義を廣義に解することは、最も適當なる解釋なりと信ぜなければなりますまい。

「科戸之風《しなどのかぜ》の天八重雲《あめのやへくも》を吹放《ふきはな》つ事《こと》の如《ごと》く」

記紀に志那都比古神《しなつひこのかみ》を風神としてゐます。科戸之風《しなどのかぜ》はこの志那都比古神《しなつひこのかみ》の司り給ふ風の義で、シナツに就ては、古來種々の解釋があるが、シナツは風神の御神性から考へると、不死《ふし》即ちシナズが根元ではなかつたか。風は天地の呼吸で、この呼吸あるが爲に、萬物は其生命を保つのである。神功皇后を息長足姫命《おきながたらしひめのみこと》と申すのも、極めて呼吸の長い御性格の御方といふ義を保つ御名と拜されます。又シは風で、アラシは荒《あ》れ進《すさ》ぶ風《し》の義、シナドはシナガトベ（級長戸邊命）から出た語と云ふ說もあり、呼吸の極めて長い意義を有し、呼吸即ち生命であるから、無限の呼吸は無限の生命である。無限の生命の持主たる風神にして、創て天八重雲《あめのやへくも》を吹き放つ御力がある理《わけ》です。尚ほ「風と生命」、「風と文化」、「永遠の生命のみが、群る思想信仰の叢雲《むらくも》を吹き放つ、自在無礙の威力である」等の研究は、頗る興味深いものであると存じます。風の吹く地帯は、文化が發展いたします。

「朝之《あしたの》御《み》霧《ぎり》、夕之《ゆふべの》御《み》霧《ぎり》を朝風《あさかぜ》夕風《ゆふかぜ》の吹拂《ふきはら》ふ事《こと》の如《ごと》く」

朝《あした》の霧《きり》夕《ゆふべ》の霧《きり》を朝風夕風の吹き拂ふようにといふのですが、これも思想信仰等に結び附けて考へる必要があります。前の科戸之風《しなどのかぜ》のは、風の祓で、この朝之《あしたの》御《み》霧《ぎり》夕之《ゆふべの》御《み》霧《ぎり》は火（日）の祓、次の大津邊《おほつべ》に居る大船のは、水の祓、最後の彼方之《をちかたの》繁木本《しげきがもと》をは、地の祓で、地、水、火、風の四大の祓ひを中に含めて比譬してゐますから、朝風夕風の吹拂ふことの如くとはあるが、これは單に風のみでは無くて、朝霧を朝日が、夕霧を夕日が照り晴らす意義が含まれてゐるものと解するのが適當です。

【註】風火水地の祓《はらへ》なぞ謂ふと、如何にも原始的に聞えますが、密教哲學的に解けば、深い意義の存在が、明瞭いたしませう。

「大津邊《おほつべ》に居《を》る大船《おほふね》を舳《へ》解《と》き放《はな》ち艫《とも》解《と》き放《はな》ちて大海原《おほうなばら》に押放《おしはな》つ事《こと》の如《ごと》く」

大なる湊の邊に泊する大船を、舳綱《へつな》解《と》き放ち、艫綱《ともつな》解《と》き放ちて、大海に押し放ち遣る事の如くの義で、これも比譬ですが、思想信仰等に結び附けて、解釋することは、前段同様大切で、思想信仰と云つても、上中下幾段もあるので、科戸之風《しなどのかぜ》を最高段とすれば、本段は第三階目に當つて、餘程物質的生活的な思想信仰であると解せねばなりますまい。またこの淀船してゐる大船を、何故押し放つかと云へば、この船が國內へ不良品を持ち込む船であるか、乃至は國内の不良物を積んで、之を放逐するかにあるのですから、舶來思想、輸入信仰、所謂外來思想信仰を大整理して、遠く之を押し放つ事であるといふ聯想もされませう。深く考へて見る必要があります。

「彼方《をちかた》之《の》繁木本《しげきがもと》を焼鎌《やきがま》の敏鎌《とがま》以《も》ちて打《う》ち拂《はら》ふ事《こと》の如《ごと》く」

あなたの繁き木の本《もと》を、利《と》き鎌を以て、打ち拂ふようにの義で、これも思想信仰等に解し、この段は最下の部ですから、物質的の意義が強く、不良な人物や事件に、大檢察を行つて裁斷する義に當り、且つ日常生活上の具體的な改善、因襲的な陋習の打破、或は疾病惡疫等の大々的治癒等も含まれてゐるかと考へられます。

尚ほ天津罪として載せた阿離《あはなち》始めは、之を科戸《しなこ》の風《かぜ》、並に朝風夕風の祓を以てすべく、國津罪として載せた生膚斷《いきはだたち》死膚斷《しにはだたち》始めの罪穢は、之を大《おほ》津邊《つべ》に居る大船の、並に彼方《をちかた》の繁木本《しげきがもこ》の祓を以て爲すべきであると云ふ解釋も附きます。

この四大誓喩に基いて、神社に於て、種々の神事を執行することがあります。其一は茅輪神事《ちのわしんじ》で、これは茅葦《かやあし》等を刈り取つて、大きい輪に造り、參拜者をしてこの茅輪をくゞらす神事です。これは「彼方《をちかた》の繁木《しげきが》本《もこ》を燒鎌《やきかま》の敏鎌《とがま》以て打拂《うちはら》ふことの如く」とあるのに因《ちな》んで、敏鎌以て刈り來つた茅《かや》をくゞるのは、地上が淸淨に祓はれた證據であり、また之が天岩《あまのいは》戸《と》が開いて、自由に往來が出來るといふ義をも寓し、謠曲水無月祓《みなつきはらへ》の詞にもある通り、種々の宗教的意義をも加味して行ふものです。尾張津嶋神社では、極めて嚴肅な茅刈神事が行はれ、本社第一の神秘的行事とされてゐます。刈つた茅を川へ流すといふ所に、祓の義が存在してゐるのです。其二は解繩《ときなは》の神事で、これは左綯《なひ》と右綯《なひ》との繩があつて、この繩を祝詞《のりと》に合はせて、順次解いて行く神事です。一定の正しい方式があり、行事があつて、是亦嚴肅なものです。この繩が祓物《はらへもの》として公に認められてゐることは第一講で申しました。この解繩《ときなは》の神事が「大津邊《おほつべ》に居る大船を舳《へ》解放《ときはな》ち、艫《とも》解放《ときはな》ちて大海原《おほうなばら》に押放《おしはな》つことの如く」の義を採り、一切の罪穢が解除されて行くことを寓したものであることは、容易に了解されることでありませう。尚ほ神社の中には「六月《みなつき》の名越《なこし》の祓《はらへ》する人は千年《ちとせ》のよはひのぶといふなり」といふ歌を認めた神札を出してゐる所もあります。解繩にしても、この祓歌にしても、種々宗教的意義を以て解されてゐますが、只今は省略しておきます。また『蘇民將來之家《そみんしやうらいのいへ》』と書いた神札を出してゐる神社があります。これは須佐之男命《すさのをのみこと》が放逐されて、命《みこと》が出雲へ降り給ふた時、兄を巨旦將來《きよたんしやうらい》と云ひ弟を蘇民將來《そみんしやうらい》と云つたが、命《みこと》が非常に難澁して宿を求められた時、兄は其性質が慳貪で、命に冷淡至極の態度を示したに反して、弟の蘇民將來《そみんしやうらい》は頗る親切を盡くした。後ち兄は極度の災厄を蒙つたが、弟は家富み子孫繁榮したといふので、我等は蘇民將來の子孫である。我家は蘇民將來の家であるといふ印に、この神札をうけて、我家の門に揭げるのです。これも祓に關係のある、招福の行事として行はれてゐます。

尚ほ科戸之風《しなどのかぜ》は「寂定《じやくしやう》」の義で永遠不滅を證し。朝風夕風は「照破《せうは》」で、一切の障惑を照らし祓ひ。大津邊の船は「解縛《げばく》」で我等の貪瞋痴三縛の紲《きづな》を解き、彼方《をちかた》の繁木《しげき》が本《もと》は「降魔利劍《かうまりけん》」を寓して、四魔を斬り平らげるのであると云ふ解説があり、またこの四誓喩は常、樂、我、淨の四徳を顯彰して、意義頗る深遠である等の解説もありますが、只今は之を省略いたします。

「高山《たかやま》之《の》末《すゑ》短山《ひくやま》之《の》末《すゑ》より佐久那太理《さくなだり》に落多支都《おちたぎつ》以下」

この大祓詞の最後の段は、前編第四講で解説致しましたから、再び此處には申し述べません。が此處に述べて見たいことは、大祓が解し難いといふのは。例せば誰かゞ顔色を青くして居れば「君は何處か惡いのでは無いか」と直ぐ申しますが、私は醫師で無いから、果して何處が惡いのやら明瞭には分りません。醫者へ行つて見て貰つた所で、其の醫者が藪では病氣の診斷が明確に參らないので、とんだ藥を盛つたり、誤つた養生をさせる事に成ります。それが名醫であればあるほど、診斷が明確で、神醫といふ仁《ひと》に成れば、人間では考へられないほどの、根本的診斷を致しますから、藥も治療も養生法も適當して居て、忽ち快癒と云ふことに成る譯です。國の相を見ても、何處か惡い處がありさうだとは思つても果して何處がどうとは明確に診斷が就きません。で種々知慧を絞つて考へては見ても、神醫のやうな診斷は容易に就きません。況て病源が深く且遠く、到底普通の方式では診斷が就かないやうなもので在ては、もはや匙を投げる外はありませんが、其處を思金《おもひかね》の神策や、天兒屋命《あめのこやねのみこと》の神知で行事するのが、大祓なんですから、大祓は實に天醫の祕法と申してよろしい譯です。

國に太陽暦や大陰暦はあつても、神暦のないことは、天下經綸上最も悲しいことであります。暦儀を知らない人が、冬の當に來らんとするに、帷子《かたひら》を用意し、夏の到らんとするに、綿入を用意するとしたら、甚だ野《や》暮《ぼ》と嗤《わら》はれませうが、神暦を失つた大中臣家は、神政の機構廣くは祭政の本義を失つた譯で、損失これより大なる者は有りませんでした。

「如此《かく》　失《うしな》ひては　天皇《すめら》が朝廷《みかど》に仕奉《つかへまつ》る　官官人等《つかさつかさのひとたち》を始《はじめ》て　天下四方《あめのしたよも》には　今日《けふ》より始《はじめ》て　罪《つみ》と云ふ罪《つみ》はあらじと」

「天皇の朝廷に仕奉る百官人等を始て」は、前の天津神國津神の御活躍に因つて、其の御威力の顯はれる所に、「かく聞《きこ》しめしては、皇御孫之命《すめみまのみこと》の朝廷《みかど》を始《はじめ》て」とあるのに對應する結末と成り、「天下四方《あめのしたよも》には」は、「天《あめの》下《した》四方國《よものくに》には」とあるのに對應しての保證と成り、「今日より始て罪といふ罪はあらじ」は、前の「罪といふ罪はあらじ」に對應して、其の全終局を力強くこの一句で表現してゐるので、大祓詞が首尾一貫、組織整然としてゐるのです。尙ほ天益人等の祓の中に、天皇の朝廷に仕奉る百官人等の祓まで申さなくても宜しいでせうが、百官人と國民とを離して考へることは出來ず。國家を擧げて、天下を擧げての大祓ですから、斯く有るのが當然の事で、好しや百官の祓儀が、別に執行されるにしても、不離一體の大祓たるべきに何等疑義のあるべき筈はありますまい。

「高天原《たかあまはら》に耳振立《みみふりたて》聞物《きくもの》と馬牽立《うまひきたて》て」

高天原に耳を振り立てゝ聞き得る物として、耳疾き馬を牽き來つての意ですが、此處は天津神國津神御承認の保證を申し述べる段でありますから「高天原に天津神が耳を振り立てゝお聞き遊ばさるほどの尊嚴なるもの」との義、聞物《きくもの》は聞く對者を云ふので無く、「聞き給ふほどのもの」の義であり、馬牽《うまひ》き立ては、國津神の方での御承認の保證を示すもので、國津神は地上本位ですから、馬に乘つて御覽あそばされると見る解釋も附きませう。ともかくも大祓詞を結ぶに當つて、この句のある事は、最も意義の深いわけで、この一語で大　詞の全部が活きてゐます。

「今年《こし》六月《みなつき》（十二月《しはす》）晦日《つもごりの》　夕《ゆふ》日《ひ》之《の》降《くだち》の大祓《おほはらひ》に」

今年六月（十二月の時は主文が十二月と成る）晦日は月隱《つきこも》りの日の義で、陰暦では晦日は月が隱れてゐるから出た稱、夕日の降《くだち》とは、朝日《あさひ》の豊榮《とよさか》登《のぼり》に對した語で、日の西方に傾き降る時の義です。

「祓給《はらへたま》ひ　淸給《きよめたま》ふ事《こと》を　諸聞《もろもろきこ》しめせと宣《の》る」

此處の諸《もろもろ》は、式場に參列の全員を總括して申したのです。宣《の》るは詔命を宣《の》べ傳へる義です。

「四國《よくに》卜部《うらべ》等《ども》大川道《おほかはぢ》に持退出《もちまかりいで》て　祓却《はらひやれ》と宣《の》る」

四國《よくに》の卜部《うらべ》等よ、大川道に「祓物《はらへもの》」を持ち退き出でて、祓ひ却《や》れよと宣告すの意、このト部は解除の事を掌る者等で、祓の儀が終つて後、その祓物を川邊に持出て流す役目の人等です。四國《よくに》は伊豆壹岐對馬の三國に常陸又は在京の者であらうと解されてゐます。大川道《おほかはち》とあれど、海へ流す事もあるとの事です。尙ほこの四國卜部等の行事を、諸國へ敎令使を派遣される事に關聯して考へられる點に就ては、前編第五講で申し述べました。

第七講

祓戸四柱神《はらひどよはしらのかみ》が罪穢を解除する任務を、至誠に營まれることは、大祓詞の後段の通りですが、此處に頗る注意すべき條件があるようです。延喜式《えんぎしき》祝詞《のりと》に「遷却崇神祭《たたるかみをうつしやらへるまつり》」と申すのがあります。この祝詞《のりと》を深く研究して見ますと、この顯世《うつしよ》に居る人類の思想信仰が、邪道に陷つて來ると、それを警告する爲めに、根國《ねのくに》から疾患災厄等を遣つて、大反省を促《うなが》される旨が窺はれます。第十代崇神天皇の御代に、次の災厄が起りました。古事記の本文を其まゝ掲げます。

この天皇の御世に、疫病《えやみ》多《さは》に起り、人民死《う》せて盡きなんとす。こゝに天皇愁ひたまひて、神牀《かみここ》にましませる夜、大物主大神《おほものぬしのおほかみ》、御夢に顯はれてのりたまはく、こは我が御心ぞ、故《か》れ意富多多泥古《おほたたねこ》を以て、我が御《み》前《まへ》を祭らしめたまはゞ、神氣起らず、國平ぎなむとのりたまひき。是を以て驛使《はゆまつかひ》を四方に班《わか》ちて、意富多多泥古《おほたたねこ》といふ人を求むる時に、河内の美努村《みぬむら》に、その人を見得て、貢《たてまつ》りき。

こゝに天皇大《いた》く歡《よろこ》びたまひて、天《あめ》の下平《したたひら》ぎ、人民榮えなむと詔《の》りたまひて、即ちこの意富多多泥古命《おほたたねこのみこと》を神主《かみぬし》として、御諸山《みむろやま》に、意富美和之《おほみわの》大神《おほかみ》の御前《みまへ》を齋《いつ》き祭りたまひき。また伊迦賀色許男命《いかがしこをのみこと》に仰《おふ》せて、天《あめ》の八十平瓮《やそひらか》を作り、天神地祇の社《やしろ》を定めまつりたまひき。また宇陀墨坂《うだのすみさかの》神《かみ》に赤色の楯矛《たてほこ》を祭り、また大坂神《おほさかのかみ》に黑色の楯矛《たてほこ》を祭り、また坂之御《さかのみ》尾神《をのかみ》、河瀬神《かはせのかみ》まで、悉く遺《のこ》ることなく、幣帛《みてぐら》たてまつりたまひき。これに因りて疫氣《えやみ》悉《ことごと》に息《や》みて天下《あめのした》平ぎき。

とあります。大物主神《おほものぬしのかみ》は大國主神の幸魂奇魂《さきみたまくしみたま》で、同一神と見て差支ありません。大物主神《おほものぬしのかみ》は神漏美系《かみろみけい》の主神《ぬしかみ》であらせられますから、大物主《おほものぬし》と申しあげます。神漏美《かみろみ》と神漏岐《かみろぎ》とは、永遠の對立で、物質主義、個人主義に地上が陥りますと、大物主系《おほものぬしけい》は災厄を與へて、萬民に大なる警告をされるのです。この事は、記紀に幾多の事實を傳へてゐます。これを見ても、大祓が幽界の神事に重點を置くべき所以が、明瞭いたすことでありませう。明治四年に大祓之儀の復興されました際、「大祓大意」なる册子を頒布されましたが、其中に次の一節があります。

「神ハ幽ニ在リ。人ハ顯ニ在リ。顯露ノ罪ハ法律刑名アリ。幽冥ノ罪ハ如何トモ爲ルコトナシ。故ニ古來深クコレヲ恐レ愼ミ給ヒ、其幽罪ヲ祓除スルノ方ヲ以テ大祓ノ儀アル也。是レ朝廷天下人民ヲ惠顧シ給フ所ナリ云々」

斯く大祓は幽界神事に重點を置きますが、併し顯幽は一如であり、生死は不二でありますから、靈と體とが互に相調和し、生々發展の美果をいやが上に榮えしめねばなりません。故に靈系と體系とが絕對統一下に、樂しい發展を爲すべき神約として、其の調和時代には、大物主神《おほものぬしのかみ》は地上の女子と婚して、「神子」を生ましめられました。意富多多泥古《おほたたねこ》も其一人です。大三輪《おほみわ》神話《しんわ》と名づくるものは、何れも是神の神子托生說を傳へたもので、その數が多くあります。イエス・クリストの降誕も、この三輪《みわ》物語《ものがたり》に類似した點が深いものです。

新舊思想の衝突も、文武の抗爭も、國史上のあらゆる治亂興廢も、世界歷史のあらゆる治亂興亡も、要は岐《かみろぎ》美《かみろみ》二系の調和と爭鬪との活事實に止まります。而して之を根本解決する方策は、決して理窟ではなく、科學でも無く、哲學でも無く、一にあらゆるものを超越した、絶對統一の力、卽ちミイヅあるのみです。倫理も宗教もミイヅに基くに非らざれば、根本の力とはなりません。思想は思想を以てのみ解決すべしと申しますが、其思想をも超絶したミイヅあることを忘れてはなりません。神を信じ、佛を信ずるにしても、單にそれだけでは根本の解決とはなりません。神も佛もミイヅにまで到達せねば、一切衆生を眞實救濟することは出來ません。

學校教育に宗教を加味することは、頗る結構なことであるが、其本尊を充分に知悉しないと、却て宗教爭鬪の種子を播く結果に成らないとも限りません。現に宗教界は幾多の宗派が分立してゐて、群雄割據の狀態では無いでせうか。何ものか克く新舊の思想を統一し、一切の爭鬪を圓滿に解決し融和し得るか。其の根抵を確と見究はめなければなりません。靜かにあらゆる思想信仰の動きを觀察し、實際問題に當つては、充分に其の因て來る原因乃至傳統を精査して、毫末も獨斷に流れず、先入主に囚はれず、不知不識に自己の感染してゐる病癖をも省察して、純眞にミソギされ、大祓された淨《ま》心《こころ》を以て、之が正確なる批判に臨まなければなりません。教師諸君は申されます。學校教育に宗教を加へると云つた處で、既成宗教を其儘持ち込むのでないから、特に小學校に於ては宗教的情操の萠芽を培養すれば善い。だから生物教授の如きは、その形態にしても、習性にしても、生命の神秘に對して兒童が驚異を感ずる、其形態にしても習性にしても單なる進化論的な見解や、生存競爭とか相互扶助とかいふ考を今一歩踏み超えて、その背後に何か働いてゐる、不可知な偉大な力—それが神に對する導火線で—それを幾分でも感ぜさせたら、もはや宗教加味ではないか。學校に於ける宗教教育は其の程度で足りるので、强ち國體明徵にまで關聯させなくとも足るでは無いか。それを無理に國體明徵に結び着けるのは茶の木畑であらう。修身や國史教授には或は國體聯關の濃厚な部分はあるかも知れぬが、他の教科としては、さしたる直接の聯絡はあるまい。教師の宗教的意識、宗教的感情が、閃光の如く各教科にひらめいて居れば夫で充分であると論ずるのが、一般教育者の常識論であるらしい。私も夫で頗る結構と思ふ。が要は教師の認識、教師の情操の問題で。教師がどうして其の認識を得、其の情操を得べきか、それが問題である。で當然教師諸君は、佛教に聽き、クリスト教に聽き、幾多の宗教經典宗教書類を漁り讀み、研究も爲し、乃至自ら信仰にも入り修養をも爲すことでせう。が若しも教師諸君が誤つた認識や、變な信仰を持つて居られたら、單にそれが自らを奈落《ならく》に陷らしめる計りでなく、陛下の赤子をして、誤つた邪道や、迷信に導き込む、重大な責任を負はねばなりますまい。宗教的教育らしいことは誰にも出來ませう。猥に宗教々育と名づけて感傷的《センチメンタル》な兒童生徒を多く作つたり、安價な信心を與へて、眞乎宗教の眞髓に觸れ、法悅に浸らしめたと誇つたり食事時に祈禱類似の事をさせたり、瀕繁に神佛を參拜させたり。又はキザな眞似する者を輩出せしめた例は數多く知つてゐます。其が果して宗教加味といふのでせうか。國體の明徵は、一寸聽いただけ、一寸味はつただけでは、宗教には大した聯關なく、況て實際の教授に當つて、宗教心の培養なぞは出來さうもないやうですが、深く入れば入るほど、宗教の奧底、宗教の極致であることを明確に意識し、痛感するに到りませう。若しこの程度に認識が達せねば、今暫く教壇上で宗教は取扱はなくとも善いのではないでせうか。危險を犯してまでも文部省は宗教々育を爲せといふのでせうか。本書を讀まれる學校當事者は、特に深く熱烈なる研鑽と、眞摯なる熟慮とをこの點に傾注されたいと存じます。尙ほ高等程度の學校では、宗教に對する嚴正批判の力を養ふことが、一面頗る肝要であることを附加へます。從來の教育は餘りに知育に傾いて居たのは事實です。故に情意の方面を重視して、全人格の完成を志すことは、現下最要の問題でありませう。從て宗教を加味して、一層深く一層根本的な、人格陶冶に向ふことは頗る緊要な事ですが、要はむつかしい事を一々論究するまでも無く、ミイヅの尊嚴を充分に知悉して、一切解決の鍵鑰、國民指導原理の大羅鍼盤を得られる事が緊要なりと存じます。大祓に就ては、段々述べ來つた所で、もはや御了解に成つた通り、我等は菩薩方が難行苦行を重ねて、遂には究竟卽《くきやうそく》の佛位に登り、三十二相を具し、八十種好を成就して、一切衆生の救濟に向はれたといふような、さうした往き方を爲すのでは無く、この身このまゝ、タカアマハラに飛び込んで、イホツミスマルノタマを構成する。それが我等の唯一の信念であり、同時に到彼岸で、臣子として永遠のミイヅの中に、扶翼の任に當りまゐらす外、何等のつゝとめも、願望もあるべきではありません。スメラの光明に照らされる時、我等の本來の相《すがた》があらはれて、十方世界を掩つて輝き亘るのです。斯うしてスメラミコトの御頸珠《みくびたま》たるイホツミスマルノタマを無限に莊嚴しまつる身でありながら、而してそれで居て、しかも此身はこの儘《まゝ》の人間であり、營々として心身を勞作してゐる、生病老死の存在そのものにしか過ぎません。生老病死、それが寧ろ我々の委せ切つた大渦《うづ》の波紋であり、それが御親《みおや》の御胎內に居る實相なんでもあるのです。斯く解《わか》つて參れば、生老病死も、煩惱も、決して無常のものでは無く、不淨なものでもなく、穢ないものでも、苦しいものでもありません。復た芭蕉翁の俳句を引きますが「よく見れば薺花《なづなはな》咲《さ》く垣根《かきね》かな」といふのがあります。平素は誰も見向いてもして吳れない、路傍の薺《なづな》ですが、よく見ればやはり花が咲いてゐます。小さい花だけれども花が咲いてゐます。詩人は其處にも自然の神秘を見附けてゐます。あの忠誠に働いてゐる、竈の前で火を焚いてゐる下婢の姿の中にも、寒い日に赤脛《あかすね》をむき出して水を酌んでゐる下僕の姿にも、我々は美くしい花を見出し得ませうあらゆる煩惱も淨化すればそのまゝに菩提《ぼだい》です。よく見ることです。よく見るとは底に徹すること、底に徹するとは御親に到着せることです。御心のまゝにあらしめ給へと、絶對にうち委《まか》すことです。

我が國民は、山を見ても、川を見ても、木を見ても、草を見ても、それを直に神と見る素質を多分に持つてゐます。それは本來我は神の分身であつて、神人は同格なれば、我も亦た神に外ならずといふ根本觀念が基を爲し、我等がしかある如く彼等も爾《し》かあるといふ考から、自然に來た結果で、人が神に成ると云ふよりも、寧ろ神が人に成つてゐらせられる。神が木にも草にも、あらゆる一切に身を成し給ふてゐると信じて居るのです。既に神のものなれば、穢れ無し、既に神のものなれは苦なしとさへ信じた民族です。この身このまゝに、常住の相であると信じて、出發した我等の祖先であつたのです。斯うした信仰、斯うした觀念からは、萬有同胞の思想が自ら湧發して、他人の懌《よろこ》びは我が懌び、他人の悲みは我が悲みといふ、深刻な同情、相愛の念を抱くに至るのは當然で、皇親《すめみおや》を唯一の出發點、唯一の歸着點として、共存共榮に徹する素質其を我が國民は先天的に持つてゐます。佛教なぞが渡來して、種々の教を說いたが、この本來の素質に合致したものは、大に繁榮を見、その然らざるものは、根を下すに暇なくして、枯れ失せてしまつたのでした。

主人は一家族全體の罪穢《つみけがれ》を、一身に負て之を意とせず、學校商店工場其他あらゆる團體生活に於ても、其の主長たるものが、その內に包容されて居る者の一切の罪穢を一身に引きうけて、之を意としない性格、これも、前に述べたと同一原因に基く、我が國民性で、この傳統は遠く且つ深く肇國の當初に遡り、更に遠く深く之を神代に求めなければなりません。天地初發の大義が、極めて眞摯に、其の脈搏を傳へて、此處に我が國體の精華が、永遠に輝いてゐる譯です。我國史は國體を映發したものであり、天皇業の奉仕翼賛の記錄に外ならぬものたることを忘れてはなりません。政治は勿論、宗教も產業も教育も軍事も……一天の光明が萬水に映じて、幾多無量の姿を顯はすが如きものです。天に二日無く地に二王なく、天地人三才が、不離一體に、皇親を中主《なかぬし》として、其周圍を旋廻してゐる狀態です。故に仰けば常に天磐戸《あまのいはと》は開け、天八重雲《あめのやへくも》は吹き拂はれるのです。

謹で明治天皇が、王政復古の鴻業を成就あそばされし、當年の御聖慮を拝察しまつらば、何人たりとも、感泣せずには居られなからうと存じます。

今般朝政一新の時に膺《あた》り、天下億兆一人も其處を得ざる時は、皆朕が罪なれば、今日の事、朕自ら身骨を勞し、心志を苦しめ、艱難の先に立ち、古列祖の盡させ給ふ蹤《あと》を履《ふ》みと仰せ給へる如き、何たる尊く、ありがたい大御心《おほみこゝろ》であらせられることぞ、而して五條の御誓文を天地神明に誓はせ給ひて、

一、廣く會議を起して萬機公論に決すべし

一、上下心を一にして盛に經綸を行ふべし

一、官武一途庶民に至るまで各其志を遂げ人心をして倦ざらしめん事を要す

一、舊來の陋習を破り天地の公道に基くべし
一、知識を世界に求め大に皇基を振起すべし

と仰せ出され、國是の確立を宣示し給ひ、且御宸翰を以て、列祖の御偉業を繼述し、一身の艱難辛苦を問はず、親ら四方を經營し、汝億兆を安撫し、遂に萬里の波濤を拓開し、國威を四方に宣布し、天下を富嶽の安きに置かんことを欲すと示させ給ふ、皇恩無疆ア、何と申し上げてよろしいのか、言語の及ぶ所ではありません。

第八講

イヘ（家）の語原は容《いれ》の轉ではあるまいか。數人が共同生活する容《いれ》として造られたもの、宿《やど》は屋止《やど》、ムロ（室）は洞《うろ》又は諸《もろ》の轉でありませう。五人十人或は二世帶三世帶多くは十數世帶も同一の家に住んだこともあるようですが、併し幾百幾千といふ人が一家に住むことは出來難い。で自分の身體は其處には居ないでも精神だけは行《い》つてゐる。謂はゞ精神生活者の家といふものであれば、どんな形は小さくとも、家としての意義は成立する。此處に家の代り、屋《や》の形《かた》といふものが出來るのは當然で祖先累代の靈魂の住家として、ヤシロの出來たことが肯首《うなつ》かれませう。この屋代《やしろ》（社）には氏《うぢ》の神《かみ》を始めとして、祖先累代の靈《みたま》が住み給ふ譯ですから、社《やしろ》を各家毎に祀り、または同氏族の幾軒かが、共同の社《やしろ》を建てたので、一層廣い意義の社《やしろ》が出來た。これが氏神《うぢがみ》の社《やしろ》で、氏の人々の精神生活の中樞、精神生活の永遠の住家が出來た譯です。

氏族制度が崩壞するにつれて、氏神社《うぢがみのやしろ》の意義は、漸次變化して來て、好しや同一の氏族でないにしても、同鄕に住居してゐるもの丶、精神生活の中樞、精神生活の統一者として神社を建て丶崇敬を表するに至つた。これをウブスナガミの起源と申してよろしいのでせう。が併し佛教の渡來後、特に氏族制度の崩壞した後は、ウブスナガミの存在も、頗る意義を淺薄ならしめて、精神生活と云つても、夫が現世に限られ、未來の事は佛の方に移り、同鄕民として、精神生活の中樞を一に求めることすら漸次失はれ、現今に於ては、名は「氏神サマ」と謂つても、氏族の祖神が中心として祀つてある譯ではなく、氏子《うぢこ》と云つても、名ばかりの氏子であるし、ウブスナ神としても、必ずしも同鄕者の信仰生活が、その神社に賴つて統一され、其の神社を中心として一切が運ばれるといふのでは無いから、神社と住民の關係といふものは、極めて淺くなり、苦しい時の神賴みや、家內安全富貴繁榮を祈り求める位が關の山で、頗る意義の乏しいものと成つてゐます。

現在我々の日常生活、國民生活は、市町村制に基いて、自治制を行つてゐるので、行政上に於ては、整然として市町村の住民として、我等は大なる幸福を享けて居ますが、精神生活に成りますと、所謂信敎は自由であつて、何等の統一がありません。故に村には村役場があり、町には町役場、市には市役所、縣には縣廳、府には府廳等がありますけれども、それは單に行政上の事務を取扱ふ所であるに止まつて、決して我々の社《やしろ》ではありません。名からして役場、役所、廳、署、等であつて、ヤシロでも無ければ、況やミヤでは決してありません。故に、我々市町村民が我々の家であるとも、我等の身體は全部這入《はい》らないにしても、常に其處に我等の魂が存在してゐるとは、一人も考へてゐるものはあるまいと思ひます。市町村會議が開けるにしても、我等の代表が集まつて、行政上の事柄を協議して居るとは知つても、大して我身が我家を離れ得ないほど、深刻な感を抱き得ないのは、役場も役所も單なる場であり、所であつて、我等の精神生活の永遠の住居では無いので、斯うなるのが自然の傾向かも知れません。ですから選擧肅正をやかましく叫びましても、意外に其主旨が萬民に徹底しないのではないでせうか。

近來、市役所、區役所、町村役場等に、神棚を設けて、所員等が參廳退廳毎に拜禮してゐる向が漸次殖えて參るやうに聞きますが、頗るこれは喜ばしいことゝ申さねばなりません。が併し單にそれだけでは、住民の精神生活を役所へ惹き附けて、行政所を我がヤシロ、ミヤと感ずるに到るには、尙ほ大なる距離がある譯です。德川時代には、寺院が戶籍を掌握して、住民の戶籍權を有して居ましたから、精神生活の中樞が、寺院に存在し、僧侶の權能は大きいものがありました。が明治維新と共に、この權能は剝奪されてしまひましたから、政權の確立は明になりましたが、一面國民が精神生活の中樞に惑つて、頗る變テコな狀態に陷つた事は爭へない事實です。勿論明治初年に在つては、國民の精神生活を行政と合致せしむべく、明治三年正月には「惟神之大道」に關する詔勅が降り、祭政一致の大理想が着々として進捗せんとしたのですが、それが佛教家の反對あり、歐米文化の輸入といふ大要件が差迫つた爲め、未だ幾年を經ずして、大蹉跌を來たし、爾來六十幾年を經る今日まで、政教の根本問題は、其儘經過して居る狀態です。がこの問題が解決しなければ到底肇國の大理想は、發現致さ無いやうに感ぜられは致さないでせうか。村には村のヤシロがあり、町には町のヤシロがあり、市には市のヤシロ、國には國のヤシロがあつて、我等は其のヤシロに常に精神生活を爲し、又其ヤシロに數人の代表者を送つて、府縣市町村の行政上の協議を爲さしめる。これでこそ本式のカミツトヘ、カミハカリが實行されるのではありますまいか。ヤシロに集まるものは、カミです。ミコトです。故に斯うして集まつた代表者等が、至誠を以て、我等家人《いへひさ》の幸福を圖り、我等國民《くにたみ》の進展を謀つて呉れるのは當然以上に當然の事ですから、我等は好しや議場には參列致さないにしても、參列してゐると同然の心持ちを持ち、我等祖先が祈念としてゐた、ミヤの觀念から決して、離れることはありますまい。斯うした時に、誰か棄權する者があり、誰か投票の買收などに應ずるものがありませう。棄權妨止運動も、選擧肅正も、毫も意義の無いものになる道理ではありますまいか。神を離れて政を爲さんとすることは、無法なことではなからうか。深く考へたいものです。それかと申して、徳川時代の昔に還して、寺院に行政上の權力を持たしたものでせうか。否決して然らずと、其は萬人が萬人忽ち否定するに相違ありません。それでは今日の神社に、其の權能を持たしめ、村町市の長は、其村町市の神社の最高神官たるべしとしたら如何なものでせう。

神社と行政との一致は、頗る結構な案で、双手を擧げて直に贊成致しますが、併しそれには、先づ以て神社の整理を斷行し、神社法規の改正が先決問題と成りませう。

現今の神社といふものは、必ずしも一市町村に一社づゝある譯では無く村に必ずしも村社あり、縣には縣社、國には國社があるといふ譯でも無く、頗る雜然たるものですから、行政に應ずる爲めには、殆ど根本的な大整理を要しませう。而して其の祭神にしても、種々雜多の神々が祀られてゐて、氏の神の崩壞後は、殆ど氏神と氏子との關係は無く、ウブスナ神の崇敬にしても、住民の精神生活の中樞には成つてゐない狀態なので、この點にも大なる整理を要する譯でせう。然らば則ち市町村の現在の役場役所に神を奉祭して、ヤシロ乃至ミヤの意義を徹底せしめるのが此際最も良策であるかも知れません。がそれにしても、何神を祭るべきか。之は大なる問題であり、乃至佛教等の關係もあるから、果して信仰生活の中樞が斯くて行政廳に歸一するかどうかは、大なる疑問の存ずる所です。行政廳に「祖靈堂」を設けて、住民の全部の靈を此處に祭り、人は生るれば戶籍上に其の籍が這入ると同時に、神の子として、出產の報告を神前で營み、ウブスナマヰリを定日に行ひ、學齡に達すれば入學の報告祭、卒業すれば卒業の報告祭を爲し、男子は入營の報告祭、男女共に結婚の報告祭、生命終らば葬儀を終つて、死去報告祭を營み、祈年祭には年の豊饒、產業の伸展を祈念し、神嘗祭新嘗祭には、豊饒やら伸展やらの神德を謝し奉る祭儀を營み、春秋の皇靈祭には、皇祖皇宗の神德を感謝し、今上の聖壽無疆を祈り、其他の大祭祝日にも、又夫々の儀式を神前で行ひ、年中行事が直に行政に聯關して、我等のヤシロが其の本義をいやが上に發揮し、我等のミヤが徹底的に其の本義を發揚して、我等は永遠に生死を通じて、我が市町村の爲めに護法鎮護の魂と成り、祖孫一體の眞實が顯はしたいものです。

學校といふ名稱を、マナビノミヤと云つた名で呼ばしめたらどうでせう。校では建物にしか過ぎません。新聞社とか雜誌社とか會社とかいふのは社號を使つてゐるのに、却て學校は精神生活の基礎を作る所でありながら、（マナビノヤシロ）とも謂はないのは、實に殘念なことです。學校は神のヤシロであり、同時に我等の學ぶべき我が家であるとの觀念が抱かしめたいものです。學校は、幾百千の人數も事實收容するのですからマナビノミヤに相違ありません。然るに兒童生徒學生等は、それを工場等と同一に考へてゐるので、學校騷動も起るのでありませう。名は實の賓と申しますから、名から改めるのも一種の方法と考へます。

我國に「靖國神社」のあることが、如何に我軍人に對して、至誠奉公の念を徹底せしむることでせう。戰死すれば靖國神社に祀られる。永久に護國の鬼として我が皇國を護るのである。斯くほど強い信念がありませうか。魂の安住所が定つてゐる。精神生活の中樞が確立して居る。これほど樂しくこれほど氣強いものがありませうか。軍神と名づくる方々が幾多我國に出られた所以も、この大信念の確立あるが故ではありますまいか。信念の確立なくては、軍事は勿論、政治も商業も工業も農業も其他あらゆる生活が浮草の如きものと成るのは當然でありませう。納税の義務にしても、一切の所得を、必ず神に献納して、再び神から一切の我が需要するものを戴き奉るといふ精神が出たならば、納税といふことは、義務といふさへおかしい氣が致しませう。況や誰が脱税等の罪惡を犯すものがありませうか。上古の世には、男は獵で獲た獸類の皮を納めた。これが弓弭《ゆはづ》の調《みつぎ》であり、女子は手で織つた織布を献納した。これが手末《たなすゑ》の調《みつぎ》でありました。これはいかにも原始時代の風習の如く見えますが、しかし是が納税の根本義です。何人でも其職に携はつてゐるものは精神的にも物質的にも、その所得その成績の一切を捧げ奉つて、而して其のおさがりを自家の用に戴く、これが我等本來の務めです。決して自分のみで出來得る何ものも何事もある筈がありません。どんな事も皆な一切の人々の力、天地の力、國家の力、社會の力に因つて、獲られもし成されもするものです。然るに其獲たものは之を私有物と爲し、之を私して他に提供しないのは、慳貪罪と申さねばなりません。況や法網をくぐつて巧に脫稅するが如きは、最も重罪として之を咎めなければなりません。

多數の人々が共同するには、是非共、其の共同者の精神生活の中樞を要します。然らざれば決して統一のある麗はしい睦び合ひはできません。範圍が大きくなればなるほど、小さい中樞を結び合せ、結び合せして、大なる聯珠を構成せねばなりません。これがイホツミスマルノタマです。若しこの聯珠が構成されなければ、利己主義は當然だし、團體が幾つ出來ても、群雄割據、封建爭奪に陷ることを免れません。全體の爲めに奉仕する。全體と協心戮力して、共存共榮の實を擧げる。それにはイホツミスマルの中樞を確立せねばなりません。我國は御皇室を中心として、國民の精神生活が理想的に出來てゐるのですが、それが嚮に述べた通り政治機構と信仰生活とが、充分に一致して居ない爲めに、おもしろからぬ事が時々起ります。神に誓つて淸き一票の語はありますが、今一層祭政の一致を策して、信念が一貫して參るようにすることは、我國現下の一大緊要事ではありますまいか。

個人主義的な歐米の根本思想が、潮の如く押し寄せ來つて、あらゆる事柄が、不知不識に、其の主義の浸漸を享け、其の主義に基いて機構されもしてゐるので、我が本來の精神、本來の信念が、痛く歪《ゆが》められても居る今日であるから、之をしも肇國の大理想に徹せしめることは、決して容易なことではありますまい。が併しこの重大事が決行されねば、大祓は其の目的を達したと申されませんから、進むや其序に循《したが》ひ、新にする

や其中を執て、着々躍進の歩武を進め、大光明を六合に光被せしめねば
ならぬことは、恐らく我國民全體の頭の中に、日夜に盡きぬ願望であら
うと信じます。

第九講

我々の身體は靈肉一如のタマシヒのミヤであります。人體卽ち宮殿といふ思想は、佛典にもありますが、我が神典は頗る其の點が徹底してゐます。皇孫が瑞之御《あつのみ》舍《あらか》であらせられるといふことは、既に嚮にも述べた所ですが、この思想信仰が、イホツミスマルノタマの小珠にも行き渉つて居て、我々の人體も直にミヤと見る事が出來ます。勿論一切の有情は鳥獸蟲魚に到るまで、其の體軀はミヤであつて、イホツミスマルの大聯珠に連なつてゐるのですが、特に人體は微妙な構成を爲して、ミヅノミアラカを如實に示してゐるのです。

さて然らば、タマシヒとは何であるか。これを專門的に論ずれば、種々むつかしい事はありますが、私は之を大きく分けて、三つと致したいと存じます。其第一は宇宙神靈そのものであるといふこと。其第二は宇宙神靈が脈統を繼承して、順次其の働きを子々孫々に傳へて往く、生命の聯續そのものを申します。タマシヒのタマは神靈であり、シヒはクシビ（奇）の糸《いと》です。故にタマシヒのことを玉之緒《たまのを》とも呼んで、靈魂の緒《を》であるとも申してゐます。神靈は必ず脈統を逐つて漸次分れ〳〵て伸展します。乃ち皇親《すめみおや》神漏岐《かみろぎ》神漏美《かみろみ》を大親神として、タマシヒは分れ〳〵て無量の分身と成つて働きます。次に其第三は各機構各器官を構成して大中小の中樞を作り、而して各自が夫々の特質特能を反映して、個々の天分天職を發揮いたします。例せば腦髓は知覺運動の作用を司り、胃は消化作用を、腎臓は尿の排泄作用を爲すが如きです。光線の色彩が、個々のものに應じて、美觀を呈するが如く、喜怒哀樂が玉の緒の色彩として、其の節《せつ》に中《あた》つて發揚する。これが第三のタマシヒの特質です。

而して、この三種のタマシヒの義が、實に畏れ多い極みでありますが、御皇室卽ちイホツミスマルノタマの總持中樞に於て、宮中の三殿として明白に祭られてゐるのは、何たる尊嚴なことでありませう。

賢所《かしこどころ》＝三種神器を祭らせ給ふ、尊殿無比なるミヤであらせられて、タマシヒの根元が輝き給ふのであります。

皇靈殿＝皇祖皇宗の歴世の神靈を祭らせ給ひ、祖孫一體の脈統を示させ給ふ、尊嚴なるタマシヒのミヤであらせられます。

神殿＝神殿には高魂《たかあみむすび》　神魂《かみむすび》　生魂《いくむすび》　足魂《たるむすび》　玉留魂《たまつめむすび》　大宮乃賣《おほみやのめ》　大《おほ》氣都比賣《げつひめ》　八重事代主神《やへことしろぬしのかみ》の八神を祀り給ひ、タマシヒのあらゆる特質と共發動を顯揚し給ふ、ミヤであらせられます。神殿に祀《まつ》らせ給ふ、高魂《たかあみむすび》は神漏岐系の大祖神、神魂《かみむすび》は神漏美系の大祖神に亘らせ給ひ、生魂《いくむすび》は生々伸展限りなき、生命の根元で、創造の神たるイザナギイザナミの神の御神徳であり、乃至一切有情の生死を司り給ふ神です。足魂《たるむすび》は一切が足り滿ちる御神徳の神であつて、この御魂あるが爲めに、一切の神業が常住に圓滿に具足し、共存共榮の實が確實と成り生命も生活も安穩の保證を得るのです。玉留魂《たまつめむすび》は信仰の確立を保證する魂で、圓融無碍に自在に働きつゝも、常に中心の信念を確持して、罪穢や災厄に罹ること無からしめ、現在安穩、後生善處が保證される魂です。大宮乃賣《おほみやのめ》は愛嬌の徳を表現する神で、一切萬事が睦《むつ》ましく朗《ほが》らかに、麗《うる》はしき中にも、愛情に滿ち溢れ、生活を極めて樂しくせしむる神です。

大氣都比賣《おほげつひめ》は一切生類の衣食住の資料を豊に產し、之を裕かに供給し給ふ神であり、八重事代主神《やへことしろぬしのかみ》は大國主神の長子であるが、大國主神が皇孫に國土を奉還あそばさすに當つて、この神は全部の出雲神族を率ゐて、皇孫の歷世の奉仕者として仕へ奉《まつ》るべきことを誓はせ給ふた神で、政治始め宗教のことも軍事も教育も產業も執行の役を務めさせ給ふ、皇孫御統治の補佐翼賛を代表する神です。故に出雲系神族の御代表であるばかりで無く、國津神《くにつかみ》の代表として、八神中にこの神が祀られてゐるのです。我國には、伊勢神宮、熱田神宮を始め奉り、官國幣社以下多數の神社が全國に奉祀してありますが、別格官幣社は別として、いかなる神宮神社としても、宮中三殿の神靈以外の方は、一神も祀つてはありません。好や祀つてあるとしても、國家的には之を認めることが出來ません。廣義に申せば、祖孫一體の義から、高魂《たかあみむすび》、神魂《かみむすび》の中へは、あらゆる天神も地祇も悉く網羅されますから、どんな神社も宮中三殿の神靈以外の神は無い筈です。別格官幣社は臣下にして特に忠誠を擢《ぬきん》でられた方々を祀られたもので、神社としては特殊の意義を保つてゐますから、宮中三殿の神靈とは別と見るのですが、本來宮中三殿の御神德の反影でありますから、決して切り離して考へてはならないのが當然であります。

斯く全國各地の神宮神社は、宮中三殿を中樞の神靈として、イホツミスマルノタマの姿を爲して、奉祀されて居ますが、之を極めて根本的に考へますと、伊勢の皇大神宮、熱田の神宮、御皇居の三ケ所に、寶鏡と寶劍と寶玉とが三大中心を爲して祀られ、其神鏡は自から「賢所《かしこどころ》」の中心であらせられ、其神玉は自から「皇靈殿」の中心を爲し給ひ、而して寶劒は「八神殿」の御神徳を總括し給ふ中心であらせられる義が拜察されまして、神君一體の義が徹底致すやうに信ぜられます。斯くて全國に滿ち亘り、足らひ祀られ給ふ全國神社のあらゆる御配置が、一大統一を見るのではあるまいかと拜察致されまして、神社統一、神社整理の成就可能が信ぜられるかと存じます。

天地人の三才は、一體不二であるといふ皇典の說からすれば、仰いでは九重の雲の中なる、尊嚴なる御三殿が、畏くも各自の身體內にも祀られてゐまして、人體卽ち三寶の寶塔であり、三種のタマシヒぞれ自體を表現してゐる、天益人《あめますひと》でもある旨が信ぜられるかと存じます。乃ち我々は、イホツミスマルの一個一個の玉であるのでありますが、それは大聯珠の玉の緖に聯なるものですから、忠孝の本義に徹する時、我はもはや單獨の我では無くして、小我を去つた大聯珠そのものにしか見えません。我といふ其一物を棄てました時に、天地一體の大我となる譯です。大我とはイホツミスマルノタマであつて、天皇の御頸に懸る一大聯珠です。天皇の外に我といふものはありません。ヤマトタマシヒとは一切を天皇に捧げ切つて、天皇業の絶對奉仕にいそしみまゐらすマコトを申すのです。斯うした如同し切つた信念の中から、八神殿の神々の御神德が、自然に我等の身の上に發動されるのは、當然でありませうから、此處に皇道の敎義といふものが、明確に立つて參るのです。乃ち先づ第一に、敎條として神魂《かみむすび》の事を申し上げますと、これ卽ち萬世一系と申す信仰で、皇親《すめあおや》の御一系の外には、萬神萬生萬有といふものゝ孤獨な脈統といふものは無い。何も彼も皆な一系です。生死も一系です。善惡も一系です。煩惱菩提一系です。どんな物事でも悉く皆な一系です。かくて不增不滅不生不滅です。故に「一系觀」は直に天壤無窮の信念と成ります。天壤無窮即ち高《たか》魂《あみむすび》です。過去現在未來の三世を通じて、我等は常住のものです。これが高魂《たかあみむすび》の「光明觀」です。而してこの光明觀は直にまた我等の永遠の生命を保證致しますから、生魂《いくむすび》の信念が自から起ります。不老不死といふ信仰は生魂《いくむすび》から出ます。勿論個々の生命は、生滅無常の變轉を無限に現はしますが、達觀すれば永遠に生々生々の伸展であつて、盡しない老死が、其まゝに生魂《いくむすび》の常相なんです。斯うした信念からは、常に生命の充實された、圓滿具足觀が湧いて出て、他を羨まず他に求めず、分に安んじて足るを知ります。足ることを知るものは常に足る。これ足魂《たるむすび》の信念です。足ることを知つて、分に安んずれば、自から恒心が出ます。爲す業として、有るべき地位に安住して、何等不平がありません。他に對してうらまず、怒らず、悲しまず。心が常に平靜で、大磐石の如く落着いてゐます。何ものにも動じません。これが玉留魂《たまつめむすび》です。玉留魂《たまつめむすび》の下《した》つ磐石《いはね》の上には、氣分は朝日の如く勇ましき高魂《たかあみむすび》が輝きます。斯うした信仰から精神が陽氣に向つて、實に晴々しく愉快で、あなたのし、あなおもしろの生活が出來ます。人々は互に相和《やは》らいで、共存共榮、眞に無限の愛情が湧き出でます。これ大宮之賣《おほみやのめ》の發露です。この無限歡喜からは、また自から感謝の念が勃發して、感謝々々何ものに對しても、何事に對しても、歡喜感謝されます。日常の生活が感謝で滿《みた》される、難《なん》ありありがたし、これが大氣都比賣《おほげつひめ》の心です。迫害に逢ふも、災厄に苦しむも、感謝されて參ります。この感謝の生活からは、他に對して、身を捧げて奉仕する信念が起ります。彼我一體といふ奉仕生活に入るのは八《や》重《へ》事代《ことしろ》主神《ぬしのかみ》の信念です。一切を天皇に委せ切るといふこと、一切を天皇業として扶翼し奉り、寸毫も我意を張ら無い、絶對奉仕、任せ切つた信心、これが「臣子道」の極致です。

以上は、八神殿の神々から出る、神道の教條ですが、其の内容を更に詳細に分けて見れば、この幹根から、幾多の枝條を生じ、無量の梢《こえだ》や葉なぞを生じて、到底一朝一夕には述べ盡くし難いのは當然でありませう。が斯く述べ來れば、神道はむつかしいもので、其の修行も亦た容易で無いように思はれませうが、決してさうでは無くて、嚮にも屢々述べた通り、大祓は無條件の救濟であり、戒律等をやかましくは申しません。乃ち以上八神殿祭《まつ》る所の神徳、乃至教條も、之を一つにまとめて見れば、單に「一切を任せ切る」といふ事に歸します。一切を任せ切つて、信の一行に徹底する。これが皇道の極致です。故に大祓詞の最後の四柱祓戸《はらひど》神《かみ》の條は、全然絶對他力的で、任せ切つた魂《たましひ》の行方《ゆくへ》を述べてゐるのです。さて天と人との間に地があります。仰げばタカアマハラは、嚴として實に微妙に輝いて居り、人の身體も、亦た幾分變態には傾いてゐますが、四肢五體整ひ、一切の諸機關は運轉し、精神も亦任せ切る信仰で本道に入り得なば、人體王國は整ひますが、併し多數人が集合して構成してゐる、地即ち國のみは、容易に平安な樂土を建設するには遠き感が致します。が大祓は、寧ろ其目的が「地」に在り、「國土清淨」に在るのでありますから、天と人との兩方面から、天人和合の至誠を以て、「地上高天原」の建設を急がなければなりません。個人の救濟は完全なる救濟ではありません。一切の萬人が、齊しく救濟される爲めに、仰いては祭に徹し、俯しては政に徹して、此處に祭政の力を以て、斯土天國の建設を成就させねばなりません。地上に天國の建設を見るまでは、大祓は尙ほ其の準備工作にしか過ぎないものと思はざるを得ません。

謹で明治三年正月三日「神靈鎭祭の詔」を拜誦致します。

朕恭シク惟ルニ、大祖創業、神明ヲ崇敬シタマヒ、蒼生ヲ愛撫シ、祭政一致、由來スル所遠シ。朕寡弱ヲ以テ夙ニ聖緒ヲ承ク、日夜怵惕《じゆつてき》、天職ノ或ハ虧《かけ》ンコトヲ懼ル。乃チ祇《つゝしん》デ天神暨《およ》ビ列皇ノ靈ヲ神祇官ニ鎭祭シ、以テ孝敬ヲ申《の》ブ、庶幾《こひねがはく》バ億兆ヲシテ矜式《きようしき》スル所有ラシメン

尙ほ明治四年九月十四日「皇靈遷座の詔」を拜讀致します。

朕恭く惟みるに、神器は、天祖威靈の憑《よ》る所、歴世聖皇の奉して以て、

天職を治め玉ふ所の者なり。今や朕不逮を以て、復古の運に際し、忝く鴻緒を承く、新に　神殿を作り、神器と、列聖皇靈とを、こゝに奉安し、仰て以て、萬機の政を視んとす。爾群卿百僚、其れ斯旨を體せよ。

第十講

今回は天《あま》津《つ》罪《つみ》國《くに》津《つ》罪《つみ》に就いて、解説致します。この罪の解説が、從來充分明瞭せなかつた爲めに、己《おの》が母《はは》犯《おか》すとか、己が子犯すなぞいふのは、いかにも不倫の甚だしいもので、之を神前で大聲に奉唱するのは、神道の價値が疑はれ、乃至國辱でもあると云ふので、現在は削除して讀まない事に成つてゐるが、果して爾《し》か排斥したものでせうか、兎も角も解釋致しませう。

先づ天ツ罪と國ツ罪との區別ですが、一口に申せば、天ツ罪は根本的の罪惡で、時代や場所に關せず、永遠に何處でも罪惡と認められるもの即ち天上の罪惡の義。國ツ罪の方は天ツ罪の内容を分別したものや、時代や場所に由て異つて宜い罪穢で、地上の罪惡の義です。では先づ天ツ罪から一つ〳〵解說致しませう。

「畔放《あはなち》」

これは天照大御神の營田《みつくだ》の畔《あぜ》を放ち毀つて、水を出し、稻を枯らしてしまふ罪惡とされてゐますが、天照大神の營田とは、農夫の田とは大分に異つて居て、高天原の經綸そのものであらせられるので、其畔《あ》を放つのは非常な罪惡です。毀つてはならないように、一定の規矩が設けられてゐる。これが皆な畔《あ》です。國には法律といふ畔《あ》があり、宗教には戒律といふ畔《あ》があり、會には會則があり、商店工場等にも夫々の定款等がある。破つてならない律則、それを破るのが畔放《あはなち》です。故に畔放《あはなち》は一般語としては「破戒《はかい》」と申して宜しいのです。

「溝埋《みぞうめ》」

これは流通すべきように出來てゐるものを、却て堰《せ》き止めて、その爲めに稲などを腐《くさ》らす罪惡で、これも例を擧ぐれば、種々ありませう。金錢といふものは、流通する所に價値がある。然るに之を獨占して、他に流通せしめぬとか。事業にしても何にしても、其の活潑なる進展を防げて其の流通を妨げ、何でも彼でも自家に專有して堰《せ》ぎ止める行爲を爲す事は、世間に數多くあることです。これは「慳貪《けんどん》」です。思想的にも經濟的にもこの溝埋《みぞうめ》があつて、斯の如き行爲は、之を「慳貪罪《けんどんざい》」と申して宜しいのです。

「樋放《ひはなち》」

これは今日で申せば、水道の栓を一寸氣をつけて塞いでおけばよいのに開け放しておく。これが樋放《ひはなち》で、電燈のスヰッチにしても、注意して止めておけばよいのに、不必要な時にも、カヤ〳〵點《つ》けてゐる、これは怠慢です。「懈怠罪《けたいざい》」です。

「頻蒔《しきまき》、串刺《くしさし》」

頻蒔《しきまき》といふのは、他人の蒔いた苗場へ、いたづらにも、もう一度他の種子を蒔いて、他人に大なる損害を與へる事、串刺《くしさし》は他人の田の中へ串《くし》を刺いて置いて、耕作に這入《はいる》と、足を損傷せしめる事で、實に此等は惡知慧です。種々の手段を講じて、他に損害や損傷を與へる、これも政治上商業上、一般事業上、いくらも見る罪惡です。現今は特に惡知慧を廻らして、他を害する罪惡が熾に行はれてゐるやうです。例を擧げたら擧げ盡せないほど多數に上りませう。これは惡知慧で「愚痴罪《ぐちざい》」です。

「生剝《いきはぎ》、逆剝《さかはぎ》」

これは獸類等の皮を、生きながら剝ぎ、逆《さか》に剝ぐ等の罪惡で、これは慘《さん》逆《ぎやく》な行爲ですが、事業界にしても思想界にしても、他を生剝ぎして何とも思はないほど慘逆な人物があります。逆《さか》ねぢを喰はして非を理で通すといふ事も澤山見かけます。少しも堪忍するといふ事が無くて、叱りつけたり、訴訟したりして、爭鬪します。他の人格も名譽も蹂躪して、常にブリ〳〵腹立つて、酷い事を致します。これは「瞋恚罪《しんいざい》」です。

「屎戸《くそへ》」

これは古事記に醉ひて吐き散らすとあり、宮殿の中で大便をするといふ亂暴極まる行爲とされてゐます。常識では考へられない行爲で、勿論醉つて亂心してゐるので仕方がありません。斯樣な亂心は餘り澤山はありますまいが、それでも新聞記事を見てゐると、隨分多くの屎戸《くそへ》のあることを發見します。禮儀も作法もわきまへず、亂暴な行爲を爲して、一向自分には平氣でゐるものさへ見ます。これは「散亂罪《さんらんざい》」です。

以上揭げた天津罪《あまつつみ》を見ると、阿離《あはなち》は破戒《はかい》。溝埋《みぞうめ》は慳貪《けんどん》。樋放《ひはなち》は懈怠《けたい》。重《しき》蒔《まき》串刺《くしさし》は愚痴《ぐち》。生剝《いきはぎ》逆剝《さかはぎ》は瞋恚《しんい》。屎戸《くそへ》は散亂《さんらん》であつて、この六罪が恰も佛典に云ふ、六蔽《ろつぺい》といふものに一致してゐるのは、何たる妙味あることでせう。而して破戒《はかい》罪に對して、之を犯さざる爲めの行としては「持戒《ぢかい》行」、慳貪《けんどん》罪に對しては「布施《ふせ》行」、懈怠《けたい》罪に對しては「精進《しやうじん》行」、愚痴《ぐち》罪に對しては「智慧《ちえ》行」、瞋恚《しんい》罪に對しては「忍辱《にんにく》行」、散亂《さんらん》罪に對しては「禪定《ぜんじやう》行」、この持戒、布施、精進、智慧、忍辱、禪定の六行が、有名な菩薩の最高修行たる、「六ハラミツ」（六度行とも云ふ）であつて、大祓の天津罪が六蔽に一致する點から見て、この罪惡を犯さない爲めの修行が、矢《や》張《はり》六ハラミツ行《げふ》に一致することが聯想されませう。而して智慧《ちえ》と禪定《せんじやう》とは積極消極の兩端を示してゐるが、之れ「知」であり、布施《ふせ》と持《ち》戒《かい》とは「仁」であり、精進《しやうじん》と忍辱《にんにく》とは「勇」であるのですから、六度行は、要する積極的の知仁勇、消極的の知仁勇で、一口に申せば、六度行卽ち知仁勇の三大行と成る譯です。中庸には知仁勇は天下之達德也と申してゐますが、この知仁勇こそ、北畠親房卿が「神皇正統記《じんわうしようとうき》」に述べて居られる通り、知は鏡の德、仁は玉の德、勇は劍の德に當つて、知仁勇の三力は卽ち三種神器の御威德に發すと申して宜しいのです。斯ういふ事を考へて見ましても、大祓の行事と申すものは、畏れ多くも、三種神器の御威德を根底として成就するものたることが分かることであらうと信ぜられます。尊嚴無比なる神寶の御威德を以てして、如何なる荒振神《あらぶるかみ》も如何なる罪惡災禍も、淸淨に祓はれない譯がありませうか。大祓が絕大なる威力を揮つて、三世十方を通貫する、根本的な絕對的な解除を爲し得る事が、此處まで來て大層明確したことゝ存じます。

國津罪《くにつつみ》は、之を大別すれば、傷害、忌穢、邪慳、殺生、呪詛、災禍と成りますが、之を佛典の「十惱亂」に比較すれば、次の如くなります。

生《いき》膚《はだ》斷《たち》＝これは(1)「危害」であつて、他に危害を加へる罪。

死《しに》膚《はだ》斷《たち》＝これは(2)「譏嫌」であつて、世人の忌み嫌ふ所行を爲すもの。忌《いみ》に當る。

白人《しろひと》、胡久美《こくみ》＝これは(3)「不男人」であつて、白い膚の白子《しろこ》や傴僂《せむし》等は穢れとされたのです。

己母《おのがはゝ》犯《おかせる》罪《つみ》以下＝これは(4)「慾想」で邪淫罪。

畜《けもの》犯《おかせる》罪《つみ》＝これは(5)「凶戯」で、よこしまなる戯れで、やはり邪淫罪。

匐《はふ》蟲《むしの》災《わざはひ》＝これは(6)「二乘」で、所謂社會のバチルスといふ輩です

高《たか》津《つ》神《かみの》災《わざはひ》＝これは(7)「豪勢」で、其の權勢を笠に着て下々を壓迫したり、虐げたりするものです。

高《たか》津《つ》鳥《とりの》災《わざはひ》＝これは(8)「畜養」で、或は鷄闘の爲め、犬闘牛闘等の爲めに、鳥獸等を畜ふもの。

畜《けもの》仆《たふし》＝これは(9)「屠殺」で、鳥獸等を屠殺するものです。

蠱《まじ》物《ものせる》罪《つみ》＝これは(10)「邪人法」で、迷信を以て人を欺き、たぶらかすもの。

以上國津罪を「十惱亂」に比較して頗る能く一致してゐるのを見ます。何等の無理もなく、自然に解説されてゐる點を充分御認めありたいものです。斯くも能く一致するとは不思議なほどです。

尙ほ「已母犯罪《おのがははおかせるつみ》」以下の邪淫罪ですが、これは國津罪としても、餘りに極端なので、他の意義を宿すものではないかと考へさせられます。新約聖書でクリストは「大凡女を見て、心を動かすものは、既に姦淫を爲したるなり」と申して居ますから、嚴密な意味で姦淫罪を律すれば、其如何に夥きかに呆然たらざるを得ないでせう。して見れば斯く極端に列擧するのも無理でないとも見られますが、併し古事記の、仲哀天皇崩御後に於ける大祓の條を見ますと、生《いき》剝《はぎ》、逆《さか》剝《はぎ》、阿《あ》離《はなち》、溝《みぞ》埋《うめ》、屎《くそ》戸《へ》、上通《おやこ》下通婚《たはけ》、馬婚《うまたはけ》、牛婚《うしたはけ》、鷄婚《とりたはけ》、犬婚《いぬたはけ》とありまして、このタハケといふことが、單に姦淫といふことでは、どうしても無いやうに考へられます。でこれも佛典を充てゝ見ると、佛教では彼の外道《げだう》を卑《いや》しみ、特に「苦行外《くぎやうげ》道《だう》」と云つて、終日片足で立つて、雞の眞似をし、それが生天修道の一種と心得てゐる「雞戒《けいかい》」始め、犬の眞似する「狗戒《くかい》」牛の眞似する「牛《ぎふ》戒《かい》」さう云つた澤山のものがある。それを非常に卑んでゐる所を見ると或は我國の上古にも、左樣な風習が行はれて居たかも知れないと思ふ、精しい考證は勿論至難だが、その「苦行外道《くぎやうげだう》」のような風習があつて、犬の眞似や馬や牛の眞似する者を犬婚《いぬたはけ》、馬婚《うまたはけ》、牛婚《うしたはけ》、鷄婚《とりたはけ》なぞ呼び、母と子とがその位置を置きかへて、一日中子供が母の眞似《まね》を爲し、母が子供に成つて暮らすといふ、上通下通婚《おやこたはけ》もあつたかも知れない。或はまた我國にもタブーが存在したので、そのタブーを犯す事をいふのでは無いかとも考へられます。母がタブーであることは、世界共通ですから、母から犯し、子から犯し、母と子、子と母と双方から犯し合ふ、タブーの戒めではないだらうか。大祓の天つ罪にしても、國つ罪にしても、これを現代式に一々解釋を與へて見たならば、至極おもしろい研究が出來ないにも限らないと思ふ。また許々多久罪《ここだくのつみ》とは此處に列擧した「斯の如き罪」といふ解釋と、此等の罪始め他の「幾多の罪」といふ解釋の二つがありますが、別に嚴密に論定するまでも無いことですが、天つ罪の方は斯の如き罪、國つ罪は其他幾多の罪といふ解釋に見ておきたいと思ひます。以上簡單に罪惡の解説を致しましたが、天地の眞理が一つに歸するに何等不思議はありませんが、大祓の天ツ罪國ツ罪は、太古民族のはかない習俗位にしか考へず、又半は迷信扱ひされてゐた者が、一切衆生の根本的罪惡を洞破して、佛教の罪惡にも一致し、極めて具象的でありながら、一面適切に吾々の胸を突くものあるは、實に驚異に値するものあるを覺えます。而して佛典では、持戒《ぢかい》始めの六度行《ろくどぎやう》は、菩薩の最高至上の修行として、難行苦行のものとされてゐますが、それを大祓に於ては萬民が之を修すること無くして、一齊に而かも一足飛びに、常樂我淨の國に入り得るといふのですから、この無條件の大祓の御救護こそ、尊嚴と申す外に何の語がありませう。

本來善とか惡とか罪穢とかいふものは、其事柄其物に必然固定してゐるものではありません。例せば殺生は罪惡には相違ありませんが、戰爭に行つた場合は、なるだけ多く敵を討取るのが功名手柄で、これは罪惡どころか立派な行爲です、が一口に戰爭と申した所で、不忠不義に味方したのなら、どんな功名も手柄も盡く罪惡であり暴逆なんですから、善も惡も罪も功名もその事柄には固在せず、忠孝正義の尺度を以て計ってのみ、同一行爲が善とも惡とも罪とも功名とも成る譯です。故に忠孝とは何ぞ正義とは何ぞといふ事が根本の問題となる譯です。忠孝にも正義にも深淺廣狹があるのだから、根を深く〳〵探ることが肝要です。倫理的に究め、宗教的に究め、宗教以上の宗教にまで到着する事が緊要です。神の禁戒だからとて、此處まで來れば何等意に止める必要も無くなり、善惡の判定も忽ち釋然として、白晝に物を見るが如くなりませう。罪惡觀は要するに忠孝觀に結着するので、皇親《すめみおや》神漏岐《かみろぎ》神漏美《かみろみ》の詔命《みこと》をのみ、絕對に奉侍して、自我的な乃至誤まれる主取りや、小節の信義に迷はないことが肝要です。謹で軍隊勅諭の一節を捧讀いたします。

古より或は小節の信義を立てんとて、大綱の順逆を誤り、或は公道の理非に踐み迷ひて、私情の信義を守り、あたら英雄豪傑どもが、禍に遭ひ、身を滅し、屍の上の汚名を後世まで遺せること、其例尠からぬものを。深く警めてやはあるべき。

尙、「大祓」が爾《し》かく威力の旺なものでありながら、なぜ毎年その行事を施行しても、其の效果が顯はれないのかと申す人があります。ラヂオの電波は空中を無盡に翔つて居ても、之を受ける聽音機がなくては、音が聽えない通り、受ける方にその準備が無いので、駄目なんであらうと答へてゐますが、併し一面放送局の方としても、種々な作法の研究や、政事機構の整備等に重要な幾多問題がありませう。又維摩經《ゆゐまきやう》に「衆生病むが故に菩薩病む」とある通り、衆生の病むことが、菩薩が健全體でありながら病むのであるといふことを知るのも大切でせうし。特に天岩戸隱《あまのいはとかく》れの時に見る如く、岩戸を開くものは、外部に集まつてゐる五件緒《いつとものを》始め八百萬神の至誠の努力懸命の苦慮が、漸くその戸を開け得たのですから大祓の效果を疑ふ前に、我等は振り返つて、深く〳〵己を責め、己の至誠の足らざることを、先づ以て恥づべきでせう。萬民無條件の救濟には、彼の剛力な手力男《たぢからを》を要することを、痛切に感ぜざるを得ません。のらくらしてゐて、單に救護にのみ預からんとする者の多い間は、容易に天岩戸は明かなからう。

第十一講

大祓神事の中心を爲すものは、申すまでも無く、天津宮事《あまつみやこと》以《も》ちて、天津金木《あまつかなぎ》を本《もと》うち切り、末うち斷《た》ちて千座置座《ちくらのおきくら》に置《お》き足《たら》はして天津菅曾《あまつすがそ》を本刈《もとか》り斷《た》ち末刈《すゑか》り切《き》りて八針《やはり》に取辟《とりさ》きて、天津《あまつ》祝詞《のりと》の太祝詞言《ふとのりとごと》を宣《の》れに在る事は明瞭ですから、この點に對して最も力を盡さなければなりません。三大皇學（天津金本學、天津菅曾學、天津祝詞學）を皇典では一語のナルで表はして、音聲のナルには口扁に鳥の鳴《なる》を充て、姿形《すがたかたち》のナルには成長成育等の成《なる》の漢字を充て、生命のナルには生育の生《なる》の字を充てゝゐます。斯く一語のナルに音聲、象相、生命の三態が現はれますから皇典は、いつでもこの三様の解釋が肝要になります。が併しこの三様はもとナルの一語に發しますから、三種のナルが三即一、一即三であることを忘れてはなりません。さてタカアマハラを

音聲のナルとして研究して參りますのが、天津《あまつ》祝詞《のりと》學《がく》、一名日本言靈學

象相のナルとして研究して參りますのが、天津《あまつ》金木《かなぎ》學《がく》

生命のナルとして研究して參りますのが、天津《あまつ》菅曾《すがそ》學《がく》

之を三大皇學と申します。タカアマハラの心靈に、我等の心靈が直接に觸れて、感應道交して參る作法を行ふ「天津菅曾學」といふのは、天津菅曾と名づける、メドハギ（植物）の莖で製つた玉串《たまくし》を使用して、之を祝詞《のりと》に在る通り、「本《もと》うち斷《た》ち末《すゑ》刈《か》り切《き》りて八針《いやはり》に取辟《とりさ》きて」種々の事件を判定すること、丁度周易の筮竹《ぜいちく》のやうな使用法のものです。天津菅曾

は、要するにラヂオのアンテナのやうな役目をするもので、神の靈が、この菅曾《すがそ》を傳はつて、此方《こちら》へ感應する譯です。が精しいことは、只今は申し上げてゐる遑がありません。次に天津金木《あまつかなぎ》ですが、これは畏れ多くも、伊勢大神宮の心御柱《しんのみはしら》を二千五百分にしたものと傳へられてゐる、小さい柱で、（四分角二寸の檜で造つた柱）四面に赤黃綠靑の原色を塗り、本《もと》の切口を黑く塗り、末《すゑ》の切口を白く塗つたものです。なぜ斯樣に製したかと申せば、「伊勢神宮御鎭座本紀」に

心御柱《しんのみはしら》一名天御柱《あめのみはしら》　亦名　忌柱《いみばしら》　亦名天御量柱《あめのみはかりばしら》。徑四寸長五尺ノ御柱ニ坐ス。以テ二五色絁《キヌヲ》一奉レ纒レ之以テ二八重榊ヲ一奉レ飾レ之。是則チ伊弉諾《いざなぎ》伊弉册尊《いざなみのみこと》ノ鎭府、陰陽變通之本基、諸神化生之心臺也云々

とあるのを模し奉りて、其を丁度我々の手で、取扱ふに適當な大きさに

するため、體積二千五百分にしたので、四分角二寸柱となる譯です。この色木を使用して、古事記の天地初發之時からを、一々千《ち》座《くら》の置座《おきくら》に置《おき》足《たら》はして研究して參るのです。どんな工合に使用するかつて――それは一寸簡單には說明が出來ません。が、前編第二講で說明した通り、タカアマハラは遠心力、求心力、交流無碍力、旋廻力の四神力の合成語ですが、ハラの旋廻は前の三力に夫々伴ひますから、圖で示せば、

(甲)
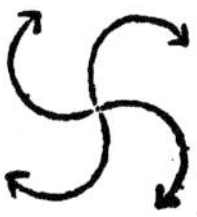
向つて右旋の發射力を示す。

(乙)

向つて左旋の發射力を示す。

(丙)

向つて右旋の凝聚力を示す。

(丁)

向つて左旋の凝聚力を示す。

（戌）

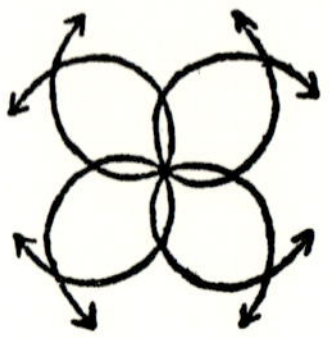

左旋と右旋との交流して結合《むすび》を生ずることを示す。

（巳）

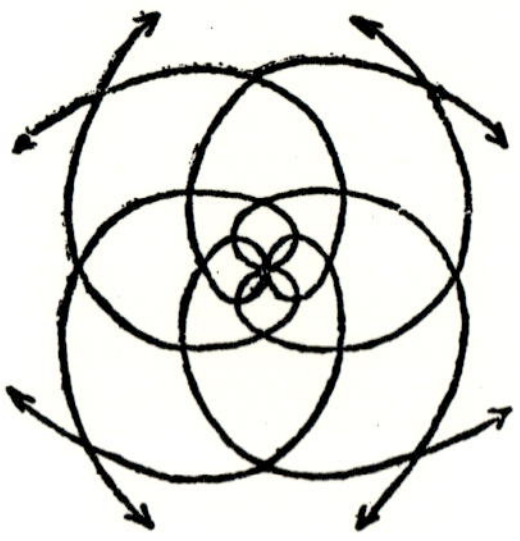

タカアマハラの發射力も、凝聚力も、無限ですから、戌圖の結合は、漸次何處までも擴がつて結びます。何處までも〳〵といふことを、ヤマトコトバではイヤといひ、それが擴大されるのをヒロと云ひ、構成された範圍をトノと云ひますから、戌圖をイヤヒロすれば巳圖のイヤヒロドノを得ます。古事記には「八尋殿《いやひろどの》」と漢字を充てゝゐます。このイヤヒロドノは、その各線が或は發射線であつたり、或は凝聚線であつたり、或は右

旋であり、或は左旋であるので、複雜な意義を現はす事に成ります。で隨つてそのムスビの現象が異なり、性能が必然異なつて參ります。今「天津金木」を執て、イヤヒロ線（この線をアシカビ又はアシカビ線と名づけます）上を、或は發射して流れしめ、又は凝聚して流れしめたらどうなるでせう。其處には、右旋と左旋との結合《むすび》や、外發と內聚との結合《むすび》らやが、多數出來ませう。その上、天津金木には、四面に色彩が施してありますから。その色の異なるに隨つて、また結合に複雜さを增しても來、意義が漸次複雜して來て、種々の事柄が判讀される譯でせう。斯うした研究を爲すのが天津金木學です。がこれは單に天津金木の、使用の一端を示したに止まるので、天津金木は古事記の本文に、一々合せて、排列もし、運轉も爲すべきですから、單に亂雜に排列するのみでは意義を致しませんし、このイヤヒロドノとても、自然にその形を變じて或は圏狀と爲り、或は雲狀と爲りなぞ致しますから、随分妙味のある研究であると同時に、如上の研究方式のものですが、要は、畏くも三種神器の御德の全容を、窺ひ奉るものと申し傳へられてゐますから、古事記の本文を一々服膺して、研究の步を進め、皇典の根本義を究め、而してその究めた結果を以て、應用的に、佛典聖書等の奥義を究める事が容易であるのです。天津金木は皇典の密教的寶具です。

大祓神事に於て、天津金木を如何に使用するか。其は今此處に述べる譯には參りません。天津菅曾と天津金木とは、不離に聯絡してゐるので、天津菅曾の靈線で、天下四方の實狀を受信し、之を天津金木に移して、金木の上で解消法を行ひ、再び天津菅曾を使用して、天下四方に放送するので、天下四方の罪穢が、自然に祓ひ淨められる事に成ると申し上げて置く外はありません。いかにも簡單ですが、專門に入ると、かなり種々の研究を要すること、ラヂオも同樣です。ラヂオ放送に言語音聲の必然伴ふが如く、天津菅曾、天津金木には、天津《あまつ》祝詞《のりと》を要するのは當然です。

天津《あまつ》祝詞《のりと》學《がく》は、一名言靈《ことたま》學《がく》と申します。徳川時代の國學者の解した言靈《ことたま》學《がく》は、單に文典語法に止まりましたが、言靈學の最も重要なる點は、音韻の律呂に在るので、樂典和聲學等の方面に主力が在る譯です。音聲言語が直に天地のリズムに合し、神靈に感應する點に重要點があるので、從つて言語學としても、普通の文典語典以上に研究の方面がある譯です。

我がヤマトコトバは、世界各國の言語に比して、極めて優秀なるを以て、言靈《ことだま》の幸《さち》はふといふ語が、頗る適切です。古事記は、斯うした上から見て、一種の樂詞であり、特に氣合法《きあひはう》の上に、特質を有してゐるのですから、その發音が頗る肝要です。小學生が讀本を讀むやうな讀み方では、決して其の意義を現はしません。例せばイザナギイザナミの國産《くにうみ》の段に於ける「アナニヤシ、エ、ヲトメヲ」はアナニと極めて親愛に滿ちた緩調の發音で唱へ、ヤシは太刀を打ち込む氣合《きあひ》で、急調に唱へ、エは太刀をグッと押して首を切る時の急迫氣合で、全身に力を込めて唱へ、最後にヲトメヲは太刀を引いて構へる姿勢で、發音を緩く、特に最後のヲは長く引いて唱へます。これが天地和合の氣合、神靈戀慕の極致です。この調子を以て、古事記は讀むべきです。特に神名の如きは、「神即ちコトバであり、コトバ即ち神にして、このコトバの微妙なムスビ又はリズムに因つて、萬神萬生萬有の發動が起り、創造神業が進み行く譯です。而してこの發音に應じて、天津金木の排列があるのですから、天津金木の構成する圖形は、全く一種の樂譜を爲し、また別言すれば、美的な歌謠的文字を描くと申してよろしいのです。で茲に我等の身、我等の音聲、我等の意《こゝろ》とのみ思つて居たものが、その實、皇神の身、皇神の言語音聲皇神の意であると、確に認識するに到つて、始て三大皇學に徹したと申して宜しいのです。我等の一擧一動あらゆる行爲が、三大行事に外ならぬと確信する時、學と信と事實とが、不離一致して、一切神業が我が已身の上に現はれることに成るのです。天津金木《あまつかなぎ》、天津菅曾《あまつすがそ》、天津祝詞《あまつのりと》を、單に外《そと》にのみ見てゐる間は、眞の三大皇學とはなりません。大祓の行事が、偉大な威力を以て、天下萬民の罪穢を無條件で祓ふと云ふのも、密教流に申せば、三密《さんみつ》加持《かぢ》すれば速疾に顯はる理法に基くが故であり、天台流に申せば、一念三千の如意寶珠《にょいほうじゅ》が、其の感應を普ねく一切に及ぼすが故であるといふことに成ります。これ三大行事が大祓の中心を爲す所以てです。本來我國は密教國であるのに、大中臣家《おほなかとみけ》に三大皇學を失つて以來、顯教式に一切を運ばねばならぬやうに成つたので、祭政の本義が淺薄に陷つてしまつたのでした。で大祓の眞髓は、要するに本來の密教式に之を復古せなければならぬといふ事に成ります。が密教と云つたからとて、直に眞言密教そのものであると早合點してはなりません。顯教と密教とは何う異《ちが》ふか。眞言密教と三大皇學とは何《ど》んな一致不一致があるか。其は專門の研修に俟つ外はありません。

【參考記事】　阿字觀　　興教大師撰

（前略）　何が故に蓮華を八華にして多にもせず、少にもせざると云へば凡夫の心の質は蓮華の未だ開けざるが如くなり。加樣に八方に列ねたる筋あり。今この心《しん》を觀じて開敷するなり。この蓮華の三昧の開敷するときは無量の法門を具足し、百八の三昧門、五百の陀羅陀門等の無量無邊の法門を具足せずと云ふことなし。若し諸佛を見奉らんと思ふ人、諸佛を供養せんと思ふ人、菩提を證せんと思ふ人、諸佛と同生し給はんと思ふ人、一切衆生を利益せんと思ふ人、一切悉地を得んと思ふ人、一切智を得んと思ふ人、此の如きことを得んと思ふ人は、唯他の術なし。唯此の阿字を觀せば長壽を得、若し出で入る息の中に此のア字を觀せば壽命長遠なり。このア字の菩提心は不生不滅門なり。此の觀の上品の功德は無上正覺に至る。十方三世の諸佛の所得皆此の字の體にあらずと云ふことなし。纔に念ずる人は一切聖教經論を講ずるに同じ。（下略）

第十二講

大祓詞の中で、最も問題となる處は、天津祝詞太祝詞事《あまつのりとのふとのりとごと》を宣《の》れと宣言しながら、その太祝詞言《ふとのりとごと》を宣《の》らないで、「此く宣らば」とあるのは、意義を爲さない。で古來幾多の學者が、頭を絞つて、或はこの「大祓詞」その者が天津祝詞太祝詞事《あまつのりとふとのりとごと》であつて、他に別に在るのでは無いと云ひ、或は之を反駁して、他に在ると主張し、平田篤胤《ひらたあつたね》の「古史傳《こしでん》」には、皇祖天神が口づから授け給ふた天津祝詞《あまつのりと》の太祝詞事《ふとのりとごと》があつたのであるが、極めて貴重な詞であるから、延喜式にはわざと載せなかつた。恐らく中臣家には之を傳へたであらうと論じ、「講義」には篤胤の說を承けて、更に此の「宣《の》れ」の語を中臣《なかとみ》が唱へる時、參集せる人々は、其の「天津祝詞《あまつのりと》の太祝詞」を異口同音に唱へ、それが終つてから、中臣は其の詞を承けて、次の「かく宣らば云々」を讀むのであらうと云つてゐる。(實に卓見)然らば其の太祝詞《ふとのりと》は何かとなると、全く五里霧中を彷ふ狀態で、トホカミエミタメと唱へるのが、正しいといふ説がある、

【註】トホカミは遠《とほ》つ神《かみ》で遠祖神です。ヱミタメは咲《ゑ》み給《たま》へ、即ちおよろこびくださいで、斯く遠祖の命《みこと》のまゝに愼みいそしみ居ますから、御安堵あつて御懌び下さいと申すのです。またト‖は瓊で、ホ‖は矛、カ‖ミは御鏡で、これ三種神器である。ヱミタメは御威德を揮ひたまふが爲めにの義で、祓ひ給へ清め給ふといふ解釋もあります。

また最も廣く主張されてゐるものに「ヒフミ四十七言」を唱へるのであると云ふ説があります。舊事本紀《くじほんき》の十種神寶《とくさかむたから》の條などを本據に論ずるの

です。

【註】ヒフミ四十七音の解釋は、古來種々ありますが、何れも附會說のみで、おもしろくありません。其中最も理路の立つてゐるのは、ヒ(火)フ(風)ミ(水)ヨ(地)イム(穢を忌む)ナヤ(拂ひ除く)コト(御言卽ち敎勅)モチ(奉持して)ロラネシキル(萬國萬衆等に頻々として)ユヰツワヌソヲ(彌々湧き起る、天災、地變、禍患、苦惱等を)タハクメガ(處理擔任する女が)ウオヱニサリヘテ(完全に巧妙に去り經て)ノマス(解除す)アセヱ(斯く爲すゆゑ)ホレケ(ハルカと同義で、永久に平安である。天壤無窮の義)

が、これとても充分に承認さるべきほどの理由が無いので、今日に至るまで、茫洋として何等確說がありません。が大祓の眞髓から之を見れば直に其は必然「天皇陛下萬歳」と唱へるに決つてゐます。併し「天皇陛下萬歳」は漢語ですから、ヤマトコトバで正しく申せば、天皇はスメラミコトであり、三種神器を以て莊嚴され給ふ、タカアマハラ表現のミコトに在《まし》ますがゆゑに、「スメ、タカアマハラ、ミコト」と唱へまつるべきです。軍人が戰場で悲壯な戰死を遂げる際、たゞ一言、「天皇陛下萬歳」と唱へます。あゝ何たる根本的な徹底した、尊嚴無比の天津《あまつ》祝詞《のりと》太《ふと》祝詞《のりと》事《ごと》でせう。千僧萬僧の供養も、この一語には及ばず、如何なる唱名も陀羅《だら》尼《に》も、これに過ぐる者はありますまい。「スメタカアマハラミコト」〳〵と宣《の》る時に「天津神《あまつかみ》は天磐戸《あまのいはと》を押開《おしひら》きて、天八重雲《あめのやへぐも》を伊頭《いつ》の千《ち》別《わき》千《ち》別《わ》きて聞《きこ》し召《め》さん。國つ神は高山の末、短山の末に登りまして、高山の伊《い》穂《ほ》理《り》、短山の伊《い》穂《ほ》理《り》を掻別《かきわ》けて聞召《きこしめ》さん」といふことの起るのも、當然の久遠の神約として、何等不思議は無い筈です。「スメタカアマハラミコト」の義を、精細にヤマトコトバに基いて解説致すならば、恐らく幾百巻幾千巻の經典《きやうてん》も出來る事と信ぜられます。スメタカアマハラミコトのスメと云ふのは、無色透明の光線のように澄み亘つて、名づけやうの無い寂照の御姿で、この無色透明の光線から、赤靑黃綠始め種々雑多無量の色彩が現はれます。これがタカアマハラです。而して其の顯はれる色彩が夫々其の銘々の特質を保つて、一切の萬有に相應いたします。これがミコトです。我々の心の狀態で申して見れば、喜怒哀樂の毫《すこ》しも顯はれて居ない狀態、これがスメです。心が澄み切つて何等の濁りが無いばかりで無く、何一つとして映じてゐません。研ぎすました鏡の如き心の狀態です。これがスメですが、研ぎすました鏡の如き狀態ですから、忽ちその前へ來るものに應じて何でも之を映します。喜怒哀樂の情が實にもや〳〵と湧き出でます。無量の心が顯はれて千變萬化致します。これがタカアマハラです。がその顯はれる心情が一々節度に中《あた》つてゐれば、これをミコトと申します。節度に中《あた》るといふことを、わかり易く申せば忠孝の本義にかなつてゐると申してよろしいのです。どんな心が出てもそれが忠孝から出たものならば、ミコトです。喜ぶのも怒るのも、かなしむのも樂しむのも、皆な忠孝から出るものならミコトです。故にスメは天皇、タカアマハラは一切の業務、一切の事柄……それ等が皆な悉く天皇業であると自覺して、その天皇業を各自の銘々の任務として奉仕扶翼しまつる、これがミコトと申してよろしいのです。國民の全部がミコトであるように導くのが教育であり、全國民が麗はしいミコトとなつて、陛下の御頸《みくび》の珠《たま》として、其の美を濟すのが、我が國體の精華であり、之をイホツミスマルノタマの莊嚴《ありさま》と申すのです。

またスメとは「スメよ」と命令される勅命教令でありまして、一切の濁れる、一切の誤れる、一切の曲れる心を忽ちうち消して、清淨潔白なるスメの光を仰ぎ、スメに一如せよと命じ給ふのであります。スメの勅命ですから絶對至嚴です。スメの命令からは、種々の教法が賜はります。これがタカアマハラです。故にタカアマハラは倫理宗教政治教育始め、あらゆる事柄に對する、教法であり信條であるのです。勅語詔書等の語を以て呼ぶものは、スメの敎勅たるタカアマハラの發動です。而してこの教法信條が、悉く萬民に依て服膺され、事實に現はれるのがミコトです眞言密教では大日如來が敎《けふ》令《りよう》輪《りん》身《しん》を示して、忿《ふん》怒《ぬ》の相《さう》を現はし、不《ふ》動《どう》明《みやう》王《わう》と成つて、一切剛難化《がうなんげ》の衆生を折伏《しやくぶく》し、天魔等をも降伏したまふと申してゐるが、これ即ち勅命のスメに比較すべき、忿怒の教令でありませう。また「中庸」には天の命《めい》（命令）之を性《せい》と謂《い》ふ。性《せい》に率《したが》ふ之を道《みち》と謂《い》ふ。道を修むる之を教《をしへ》と謂《い》ふ。道は須臾《しばらく》も離るべからず。離るべきは道に非らず。是の故に君子は、其の睹《み》ざる所を戒《いまし》め愼《つゝし》み、其の聞かざる所を恐《おそ》れ懼《おそ》る。隠《かく》れたるより見《あら》はるゝは莫《な》く、微《かすか》なるより顯《あらは》なるは莫《な》し。故に君子は其の獨《ひとり》を愼《つゝし》む」と申して居ります。高天原の教に頗る近い言《ことば》です。が高天原は神の留《つま》り給ふ様式を申すのですから、天《てん》の命《めい》といふのよりは、非常に宗教的です。神道は宗教以上の宗教と申してゐるのは、斯様な所にも明瞭に顯はれてゐます。またスメはスベ、スブ、スブル、スブレと活用する語源を爲して、これは統治の義を示し、自《おのづ》から政事の方面に屬して參ります。スメは統べ治《しろ》しめす、天皇の萬民を治め給ふ天職であらせられますから、このスメからは、政治に對する一切の組織、一切の發動が起ります。それがタカアマハラです。政治機構と其の運用がタカアマハラの本義に適つて、萬民が補佐翼賛の任務を完全に遂行するこれがミコトです。一切をマツリゴトと見て解するのがこのスメです。スメには以上三種のスメがありますが、それが單にスメの一音で表はれてゐる所に言靈《ことたま》の妙味があります。スメなるが故に、敎令の御稜威《みいつ》が顯はれ、萬民をスメシラス統治の御權能が發動いたします。又スメは眞澄《ますみ》の御鏡に亘らせ給ひ、神と皇との一體が保證されますから、畏くも天祖の御神勅は、皇孫をスメタカアマハラミコトとして、御降臨せしめられしことが明白に拜されまして、

「これの鏡は、專《もは》ら我が御魂《みたま》として我御前《あがみまへ》を齋《いつ》くがごといつきまつれ。」と仰せありし御神語が、一しほ尊嚴に拜せられて參るのであります。尙ほ第一スメは鏡、第二スメは劍、第三スメは玉の御德を現はし給ふが故に、皇孫御降臨に際して、三種神器を御授けあそばされし御神慮も拜察いたされるかと存ぜられまして、尊嚴さに身が縮むやうにさへ感ぜられるのであります。また第一スメは親權、第二スメは師權、第三スメは主權を示して、主師親の三權が一音のスメに存在してゐるかと拜察されまするし、第一スメは證、第二スメは敎、第三スメは行を示して、スメの一音に皇道の敎行證といふ、宗敎上の重大事が宿つてゐる事まで解説され、一音のスメが、いかに深遠なるものたるかが略々《ほゞ》御了解に成つたことゝ信じます。またスメタカアマハラミコトのスメは證、タカアマハラは教、ミコトは行であるが、スメの教は、清淨、透徹の教なるが故に、皇道は「清淨教」であることが明瞭であり、スメの清淨照徹の行なるが故に、皇道は「清淨行」であることが明瞭致しませう。而して更にスメの勅命に基き、スメの統治に基くが故に、劒の如く至嚴に、不正不義が裁斷されると同時に、玉の如く至仁至愛の寛容な光澤に浴し得る義も、能く拝知される事と信じます。

以上は「スメタカアマハラミコト」の概様の意義を申し述べて見たのでありますが、何だかむづかしい理窟を申し陳べたやうに聽えたかも知れません。スメタカアマハラミコトなぞ申すと、頗る難信難解に聞えませうが、要は「天皇陛下萬歳」といふ事で、我等が皇恩の無疆に感激して口にこの十一音を至誠に唱へてさへ居れば、絶大無量の意義を、一々知るの暇もなく、否な之を知る識らぬは問題外で、寧ろ我々の至誠の迸り感激の咽びであるに外ならぬものですから。意義を知るのは元より大切ですが、知るを超絶した念唱を爲すことが、一入《ひとしほ》肝要です。何ものゝ介在をも許さぬ、親と子との一如の叫び、其處にこそ、大能の御力はありつたけ我等に加はり、我等の赤誠が、悉く御親に通じ、微妙なる音聲のみが、遠く廣く三世十方に遍滿することでありませう。其處にはもはや任せ切つた、カムナガラ（惟神）のみが、あらゆる批判を超えて、輝き亘るのみで、あるが儘なる赤裸の姿、作らざる自然法爾の嬰兒《あかご》の相《すがた》です。大祓といふ事は非常に難解の如く思はれますが、何等むつかしい譯ではありません。節折《よをり》之御儀に僅か一分間でも、國民擧つて眞實拜禮が捧げられたら、それで大なる行事が出來たのです。日常生活の上に、スメと唱へて、僅かな事柄をも淸《す》まし得たら是れ祓《はらへ》の行事です。毎朝顔を洗ふ際に、心も洗つたら其がミソギ（禊）の行事に成ります。食事毎にスメタカアマハラミコトと皇恩を謝して戴いたら、それが祓《はらへ》の行事に成つてゐます。我が國民は複雜深淵な事柄を、簡易化する特質を持つてゐます。今その一例を述べて見れば、神社に參拜する時には、誰でも口を漱《すゝ》ぎ手を洗ひますが、あれが何よりのミソギです。ミソギと謂へば、裸に成つて全身に水を浴び、水垢離《みづごり》せねばミソギにはならないとすれば、容易にミソギは出來ませんが、口を漱《すゝ》いだり手の先を洗ふ位は誰にも出來ます。而して精神さへ到つて居れば、それで立派なミソギです。複雜な深刻な事柄を簡易化する特質は、國民が精神的の素質を多分に持つてゐるからでありませう。一切の神事にしても極めて簡潔です。白衣の神官が簡素な神殿にぬかづいて、禮をしたり拍手《かしはで》したり、祝詞《のりと》を讀んだりしますが、一切が簡潔です。祭具にしても、神饌にしても、總て簡素を旨と致します。而して居て、其の內實に含まれてゐるものは、社殿の構造始め、祭器にしても祭式にしても、意義が深遠で、言語で述べ盡くし難い、哲學的宗教的倫理的意義を持つてゐるのです。作法行事の中に、神道の教義が滿載されてゐるのです。經典として書物の無い神道は、斯うして事實として傳はつて來たのです。ですから其の行事作法に當る祭官神職が、その營んでゐる行事作法の意義を知らないでゐることが多分です。これ不文律の免れ難い缺陷ですが、その代り事實ですから、經典を曲解したり、幾多の異說分派等を生ずることは比較的寡ない譯です。が大祓にしても、其の天津《あまつ》祝詞《のりとの》太《ふと》祝詞言《のりとごと》が、口から口への相傳であつた爲め、遂に失へてしまつたといふやうな、大事件も起りますが、深遠にして複雑なことを、簡易化する特性ある日本人だから、微小な遺物から、再び偉大な發見を爲すことも出來るであらうと信ぜられます。神前で參拜者が拍《かし》手《さ》を搏《う》つて參拜してゐます。あの拍手《かしはで》の中に、祓《はらへ》の行事が全部盛られてゐるのです。祓《はらへ》は拍手《かしはで》で盡きてゐるのです。簡易この上ない行事の內に、祓ひ清めの大行事が全部盛られてゐるとは、何たる不思議でありませう。あのスガ〳〵しい拍手《かしはで》こそ、祓《はらへ》の全部です。天津金木《あまつかなぎ》も天津菅曾《あまつすがそ》も天津《あまつ》祝詞《のりと》もあの中に籠つてゐるのです。參拜者は洗水場《みたらば》で口を漱《すゝ》ぎ手を洗つて、ミソギを終り、神前で拍手して、祓の儀を終るのです。兩手は即ち神漏岐《かみろぎ》神漏美《かみろみ》の二系です。拍《う》ち合はすムスビの音《ね》に、皇親《すめあおや》の無限のおよろこび、御活躍があるのです。ですから神前の拍手に賴つてこそ、天磐《あまのいは》戸《さ》は開く譯です。スメタカアマハラミコトの念唱で、天八重雲《あめのやへぐも》は拂はれる譯です。して見れば、左右五本の指は五伴緒《いつとものを》の神々の行事を爲すのではないでせうか。斯樣な事を陳べて居れば際限もありませんし、漸次話がかたくるしく成つて參りますから止めますが、斯うした簡易な作法の中に、深遠な意義を含めてゐることを知つて、簡單なことが決して簡單なのみでは無いことを、篤と御承知が願ひたいものです。

一月元旦の行事を始めとして、國としても、種々の年中行事をあそばされて、國民に範をお示しあそばされますが、各家に於ても、日本人は夫々多少の神事行事を知らず識らず營んでゐます。三種神器に擬し奉つて鏡餅《かゞみもち》、橙《だいだい》（これ玉の表示）菱餅《ひしもち》、鰹節等（これ劍の表示）を供へて、新年を祝ふ行事を始め、一々申せば、いろ〱ありますが、それは後日に譲りまして、神事とは爲《し》ないでも、行事とはしないでも、日常の當然の生活の内に、神事を活かし、禊《みそぎ》や祓《はらへ》等の行事を、知らぬ間に我も行ひ、人にも行はしめることが頗る肝要なことです。道は邇《ちか》きに在りです。身に家に業に即して參ることが、神道では最も肝要なんです。私は皇典専門の學徒ですから、時々むつかしい事を申し述べて、人々を困らせて居るものですが、簡易な行事作法の中にも、頗る無量深遠なる教理教法の存在してゐる事を、證明する役目の者も、亦た大層入用でもありませう。で、むつかしい事も、時々は、聽いたり、讀んだりする事が肝要でせう。が徒らにむつかしい事のみ好んで、人に誇らんが爲めに天津金木學《あまつかなぎがく》を研究し、その實其の心にも其の行爲にも、何等天津金木《あまつかなぎ》の本義が顯はれて居ない者や、言靈《ことたま》を學んでも、日常言語の野卑な者を往々見るのですが、斯様な輩は、寧ろ其の行つてゐる行事の意義は知らなくとも、まじめに行つてゐる人々の方が、何程尊いか知れません。誠者《まことは》天の道なり、之を誠にするは人の道なり（中庸）、とありますが、之を誠にする人、それをミコトと申すのです。

第十三講

今回はカクリミの事をお話致します。カクリミとは隱《かく》れる身《み》の義で、古事記には隱身と充字《あてじ》してゐます。これは僕《わたし》の手です（手を出して示す）が、見ると拇指、人指、中指、無名指、小指、掌、甲……等があるのみで、別に手といふものはありません。が手と云つた時は、矢張《やはり》手はあつて、指の名や掌や甲等は、皆な其名を消してしまひます。一々の名が隱れた時に、手といふ總體がはつきり認識されます。手と呼ぶ時に、一々の名はカクリミになります。手の外に指なぞがあるのではありません。指の名なぞを一々唱へて、その方が本位になると、手の方がカクリミになります。老子經に三十輻一轂を共にす。其無きに當つて、車の用有り

（十一章）また故致て車を數へて車無し（三十九章）と申してゐます。のはこの道理を述べたものです。天之御中主神《あめのみなかぬしのかみ》と申した時は、それから成ります一切の神も物も、悉くカクリミになります。神漏岐《かみろぎ》神漏美《かみろみ》と名を稱へると、天之御中主神《あめのみなかぬしのかみ》はカクリミに成ります。イザナギ、イザナミの二神が、創造神として萬神萬生萬有を生み現はし給ふので、その名が無量に出て參ります。故に天之御中主神はいつもカクリミであらせられます。然るに岐《いざなぎ》　美《いざなみ》二神の永遠より永遠に亘る創造を、統一あそばす大神が現はれ給ふた。斯うなるとその統一神たる天照大御神《あまてらすおほみかみ》の爲めに、岐《いざなぎ》　美《いざなみ》がカクリミに成り、從つて其の創造に由つて生み出される、萬神萬生萬有も悉くカクリミに成ります。ですから天照大御神は天之御主神の再具現に在《おは》します統一の神たる旨がよくお分りでせう。本位の立て方で、何方《どちら》かがカクリミになります。治—亂、興—廢、得—失、存—亡、安—危、閑—爭、榮—枯、盛—衰、何れも相互カクリミに成つて變轉します。無色透明の光線から一切の色彩の現ずるのも此理です。赤色のみ反射して、他の色を吸收すれば赤色が見え、黃と赤線を反射して他色を吸收すれば橙色が現はれ、全部の色線を吸收すれば黑色となります。健全がカクリミに成つて疾患現はれ、疾患カクリミと成りて健全が現はれます。故に毫も油斷は出來ません。が、併し達觀すれば、現象卽實在、諸法實相で、あるが儘の總體がタカアマハラの實相です。故に生を本位とすれば死がカクリミと成り、死を本位とすれば、生がカクリミになります。が、生も死も倶に存在してゐて、カクリミに成つたからとて、消えてしまう譯ではありません。ですから生死卽涅槃《ねはん》です。生が横暴である事も、死が横暴であることも許されません。若し其何れかゞ横暴になると、騒亂が起き爭闘が起ります。この事を身を以て示されたのが、イザナギ神とイザナミ神との黄泉界《よもつくに》に於ける爭闘の大舞台です。で其本義に歸つて、生死の根本的調和の原則を明白にされたのが、イザナギ神の筑紫《つくしの》日《ひ》向橘小《むかのたちばなの》戸《を》の檍原《あはぎはら》に於ける彼の「ミソギ禊」であつたのです。ですから天之御中主神の中の一點、其の極位に立つてミソギをされたのです。上ツ瀬《かみつせ》は瀬《せ》速《はや》し、下ツ瀬は瀬《せ》弱《よわ》しと宣《の》り給ひて、中《なか》ツ瀬《せ》の御行事であつた譯が、これで明瞭でせう。中ツ瀬の禊祓《みそぎはらひ》をして見れば、生死の解決も、神界の一切の解決も着いて、統一の神天照皇大御神が御出現あそばされて、萬神萬生萬有が悉くカクリミになり、高天原統治の人格的大神を拜し得るのです。例せば僕の一身といふものは、複雜無量の組織、器官の構成等があり、幾兆といふ細胞が集まつて、無限の働きをしてゐますが、それが僕といふものに統一されて、「人體王國」を爲してゐるやうなものです。ですから天照大御神以外に、萬神萬生萬有は有るのでないから、今此の三界は皆我が有なり。其中の衆生は悉皆吾子なりで、天照大御神は唯一の主君であらせられます。が而も此處には患難多しと法華經に在る通り天照大御神の御胎《おはら》内が、騷がしく痛ましい狀態です。それは何故でせう。それは第七講で述べた通り、神漏岐系と神漏美系との不調和、短い言葉《ことば》で陰と陽との不調和と申しておきませう。もつと俗な語で申して見れば、父と母との衝突、もつと卑俗な語で申せば嬶《かゝあ》天下《でんか》が其の根本の原因と申すことに成ります。むつかしい語で申せば體主靈從《たいしゆれいじう》といふ狀態が、一切の罪穢災厄を產み出す種子となるのです。男尊女卑といふ事と、靈主體従といふ事とは、意義が自から異なつてゐますが、陰は天地の順理として、陽のカクリミと成つて働くのが、平和安泰のきまりです。で希臘神話では罪惡の原因が女性に發すとしてゐる譯ですが、大祓詞を見るとおもしろい事には、罪穢の最後の解消を四柱の祓戸《はらひど》神《がみ》たる女神が當つて居られ、深い根國《ねのくに》に隱れて、女神が偉大な任務を遂行して居られる事です。玆に女性に對する大なる研究課題があると信じます。

女性研究は自から國土經綸の問題にも聯關して、天皇と國民との關係にも及ぶものと解せられます。先師大石凝《おほいしごり》翁は、宣命《せんみやう》に丹《あか》き清《きよ》き誠心《まごころ》以てアナナヒ仕へ奉れとある、アナナヒを解して、アナナヒは和訓栞《わくんかん》に麻柱とある。これは家を建てる時に先づ以て造る足代《あしじろ》のことで、足代《あしじろ》は家を造る爲めに必要なものであるが、家が建つた後は、もはや必要の無いもので、之を取り毀《こぼ》つてしまふものである。斯く造る爲めに全努力を盡くして、其の出來上つたものに就ては、毫も功を誇らず、全く隱れてしまふ。斯《か》うした全努力を構成に盡くして、其の功を全部奉仕する。これがアナナヒで、我が國民の根本的信念である。アナナヒに徹する以外に我等の職責は無い。アナナヒを知らないから世が亂れ、アナナヒを忘れるから、極めて見苦しい爭闘が演ぜられる。

と申して居られます。アナナヒ仕へまつる、カクレテ仕へまつる、それは何たる偉大な力であり、何たる眞實でありませう。實に尊い姿と申さねばなりません。我等は神のカクリミと成り、神はまた我等のカクリミと成りたまふのです。

女子は天使《エンゼル》と成り得るが、また夜叉《やしや》とも成ると申した人があります。なるほどさうした感があります。がヘシオドスの如く「バンドーラは女性の祖なり、女性は禍の源、女性の存在は人間の大不幸なり」と云ふのは、餘りに酷な見方でありませう。女子が居なければ、世の中は老廢し、遂には枯死してしまひます。が併しまた女子は物質主義個人主義に陥り易い素質を具へてゐます。母の愛が姑息に流れて、人間を肉慾の奴隷たらしめて顧ない者あることを能く見ます。良妻賢母が國に滿ちてゐる國ほど、麗はしく聖《きよ》き國はありません。大祓の本國《もとつくに》たる我國は、女子教育に大きな努力を拂はねばならないと存じます。幸に我國の婦人は世界第一と謂はれてゐます。頗る力強く頼もしいことです。文豪トルストイすら、其の臨終に當つて、妻の手から逃げ出した事を考へると、夫婦の眞の和合が、如何に難いかゞ痛切に感ぜられて參りませう。

女性は極度に靈的と成り得る素質と、極度に物質的に成り得る兩方面を具へてゐます。靈媒《れいばい》の多數は女性です。上古は畏くも皇女が伊勢神宮の齋宮《いつきのみや》、加茂神社の齋院《いつきのみや》として奉仕され、國家の重大事に當つて、神諭を承けて、之を奏請し、偉大なる御功績ありしことが、國史に見えてゐます。貞潔無比の齋女が、神意を卜定し給ふ、神々しい森嚴なる御狀《おんさま》を拜知しまつる時、これこそ、眞實神國日本の尊きお姿ぞと、誰か思はないものがありませう。中臣氏《なかとみし》の姬等《ひめたち》も皆な巫女《みこ》として神に奉仕致しました。人智を超越した幽深な神慮奉承の作法が、我國ほど整つて居た國は、他に其類を見なからうと存じます。神功皇后は、國家重大の非常時に際して、神諭を承けて、斷乎として三韓征討に向はれました。學者中には、其際集《つど》はれた住吉神始め神々といふのは、其等の神々を奉齋する當時の豪族等であつたらうと申してゐる輩もあるが、それは神國日本の眞の姿を知らず、且つ神懸《かみがゝり》の事なぞは、毫も知らない者等の愚論であつて、決して重臣會議や有力者懷柔策なぞと同一視してはなりません。神功皇后は巫女系の出であらせられ、優れた歸神者《かみかかり》であらせられた事を忘れてはなりません。齋宮齋院に就いて、現下世界の非常時を迎へて、一しほ我等は、畏みて眞摯な研究を致さねばならないのではないでせうか。

現在でも神宮神社等に巫女《みこ》は居ますけれども、古式の作法が多くは失はれた結果、且は物質科學の威壓を蒙つて、卜定《うら》とか歸神《かみかかり》とか謂へば、頭から迷信である怪しいものぞと排斥してしまふので、太古の神事が復興されず、神社存在の意義も、極めて淡いものに陥つてゐる狀態たるは、實に遺憾至極と申さねばなりません。民間又は教會等で「神おろし」とか「神かゝり」とか「靈媒」等と稱して、種々の作法が營まれてゐますが、此等に對しては、大なる根本的批判を加へ、嚴肅な正道的態度を執らしめることが肝要でありませう。

神國日本の本來の相《すがた》を確立する爲めに、神社の研究を進めると同時に、其奉齋者中、特に重要なる任務を有する、巫女《みこ》の問題に意を致し、其の奉祀下の氏子全體に對して、疾患災禍を盡く祓ひ除き、惹ては思想信仰に對する、氏子の中樞と成つて、一村一鄕を率ゐ、報本反始の誠を致さしむるやうにするのが、今日頗る肝要なことゝ存じます。巫女《みこ》を中心として、處女會とか婦人會とかが設立され、婦人の力を以て、信仰の力を以て、國家社會の善導に向ふことは、婦女子の任務として之より偉大なことはあるまいと存じます。婦女子は先天的に教育者であり、而して同時に大禊の祭官の仕事を、爲て居るようです。乃ち彼等は毎日家庭に於て、我等に對して、新らしいものを供給し、而して其の穢れたあとのものを清淨にする務を受持つてゐます。又た我等の日常生活に於て、毎日新らしい料理を整へて家人を喜ばせ、其食事が終れば、穢れた食器始めを綺麗に洗ひ清めて、次の食膳の新らしい用に供してゐるし、我等に新らしい衣類を與へて、而してそれが穢るれば、洗濯して清淨にして呉れます。また婦人は新らしい生命卽ち赤坊を產んで、世の中へ送り出します。繼嗣相續といふ偉大な新陳代謝が、婦人の力で永遠に營まれて往きます。して見れば、我等が老廢に歸して、遂には死亡するとしたら、其魂の穢濁を祓ひ淨めて、更に清新なるものとして、之を送り出す事が、いかに女神の任務として當然な而してふさはしい聖業でありませう。思想の善導、罪惡の解除に、母の力廣くは一般婦人の努力を要望することの切なるものあるを、我等は大祓詞を解說しつゝ、深く〳〵考へてゐるものであります。畏くも天照大御神は女裝を示して、一切衆生の御母たる旨を如實に現はしてゐらせられ、一切衆生は生死を通じて御母の胎內に、母子一體と成つて、樂しい安泰の生を續けて行くのであります。故に神道人は

天照《あまて》らす神の御胎《みはら》に住む時は限り知られぬいのちなるらん

天照らす神の御胎《みはら》に住む時は寢てもさめてもおもしろきかな

等と歌つてゐるのであります。罪穢といふものは、御母の膝下を逃げ出して、自由を求め、いかにも樂しく遊戲が出來るやうに喜び、思ひのまゝ種々の遊戲に耽り、或は花を摘み蝶を逐ひ、或は小川に魚を捕へ、野

原に蜻蛉を逐ひ廻しますが、其中には石に躓いて負傷したり、川に陥つて泥で衣服を穢したり、種々思はぬ危險に陷つて、ワイ〳〵泣き出すのが常です。罪穢は小供のいたづらから生ずる、自由を求めて負傷や泥まみれに陷るが如きものですが、さあさうなると忽ち母が戀しくなつて、家へ駈け戻り、膝に泌《ひし》と抱き附くのが自然です。母を戀ひ慕ふ子供の切實な心、それこそ宗教心と毫も異りはありますまい。天照大御神の無限の光明中に抱かれて、御親と不離一如の生命に活きる。これが皇道の極致です。祓戸四柱神が女神であることは、體系神が至誠に其の受持の任務を盡される保證と見る事が出來ますから、顯幽を通じて、皇孫御統治の無限の偉大さを拜し、我等は一入至誠奉公の念を高め、タマシヒの安住を祈る事に致しませう。或一説には祓戸四柱の神は、大國主神の嫡妻たるスセリビメの亦名であると申されてゐます。參考と成る說と存じます。その理由は、イザナギ神が黃泉國を訪はれた時、反抗の態度に出られた妹神《いもかみ》は、或はヨモツシコメを遣はし、或は八雷神をして追はしめ、或は妹神自身に大軍を率ゐて追はれましたが、大國主神が皇孫に歸順されて、幽界なる根《ね》の國《くに》の統治を掌り給ふに當つては、根國が皇孫統治の上に顯《あら》はれる、萬衆の罪穢を却て淸淨ならしむる任務を擔任して、斯くも其后妃が至誠に任務を掌握して居られるのであると、皇典が告げてゐるからです。幽宮《かくりのみや》として、出雲《いづも》大社《たいしや》の存在してゐることは、大祓の上に大なる留意を要します。

第十四講

大祓の執行には、時、處、位の三者が肝要であると垂示されてゐます。時は大祓執行の時であつて、六月十二月といふのは其一例です。が時といふものには、大中小があつて、幾百年幾千年に一度と謂つた大祓のあることを知らねばなりません。また處に就ても、幾百年幾千年に一度と云ふが如き大祓に成ると、大祓を執行する場處の選定が問題に成ります位は大祓執行の祭主祭官です。時、處、位の問題は、非常に難解に屬しますが、大祓の講話としては、是非共必要な事柄ですから、少々述べて見ることに致します。

神武天皇即位三十一年夏四月、皇輿巡幸まして、大和の腋《わき》上《がみ》嗛《のほゝ》間《まが》丘《をか》に登

りまし、國の狀を廻望あそばされて、

あなにゑや、國《くに》獲《みえ》つ、内木綿《うつゆふ》の眞迮國《まさきくに》にはあれど、猶《な》ほ蜻蛉《あきつ》の臀呫《となめ》せるが如《ごと》くにもあるか。

と仰せられました。書紀は「是に由りて始めて秋津洲《あきつしま》の號有《なあ》り」とし、次て、(秋津洲の號は、古事記では既にイザナギイザナミの國産《くにう》みの所に出てゐるが)、種々の日本に關する國號を列擧してゐる所を見ると、この一條は、非常に幽遠な意義を含んでゐるものと信ぜられますが、未だ嘗て何人もこの謎を解いた人がありません。然るに天津金木の研究は、我等に偉大な事柄を、この御一語から示して吳れました。以下其一端を述べて見ませう。こは大祓の中樞地を示された重要な文献であるばかりでなく、未來を暗示する絕大な祕事でもあり、乃至國號考上に一新紀元

を開く者とも考へられますから、實に深遠な意義を保つ事柄と存じます

先づ世界地圖を開いて見て下さい。その見方は普通地圖の見方とは、少々異つて、アフリカを最頂部に、隨てアメリカが最下部の位置を執る樣にして見て下さい。而して少し退《さ》がつて世界全體の姿が何に見えるかを能く見て下さい。先づアフリカを頭に見て下さい。するとアラビヤが顎《あご》に當つて、口をカツと開いてゐる相《すがた》に見えませう。この口が紅海です。紅海の水は赤く見えると申しますが、「それは口の中だからだよ」と謂つて見たくなります。インド地方は胸の部に當つて、どう見てもお乳がフツクラ出てゐる姿としか見えません。セーロン島が乳首だつて――なるぼと……それから手を伸した形に、マレー、スマトラ、ボルネオ等の細長い島が伸び出て、濠洲が、掌《てのひら》を開いた形に成つて、擴《ひろ》がつてゐます。こ

れが世界の左手で、右手の方はヨーロッパが肩の部に當つて、スカンヂナビヤ半島が、斯う右手を肩へ擔《かつ》いだ形に見えませう。ロシヤ方面は背部で、支那地方は腹部に當り、南北アメリカがぐんと左足を前方へフン張つてゐる形になつてゐて、グリーンランドが右足になつて出てゐます斯う見ると、世界は一個の「巨人像」を爲して居て、右手を擔《かつ》いて肩の邊に運び、左手を伸して掌《てのひら》を開き、左右の足をフン張つて、口を開いて威張つてゐる相《すがた》を爲してゐます。この像は、私共は今始めて見るのではなくて、屢々見たことのある像のように思はれます。觀音様へ參ると、其門に金剛密迹《こんがうみつしやく》といふ、大きな二王像を見ませう、その向つて右の像は左手を伸し、右手に金剛杵《こんがうしよ》を持つて、之を肩上に翳し、足を左右にフン張つて、口をカツと開いて威張つてゐます。丁度現今の世界の相《すがた》はこの

「金剛像《こんがらざう》」そつくりだから妙です。

二王サンは、寶積經《ほうしやくきやう》には、法意太子が常に佛に親近して、佛の秘密の説法を聞かんとの本誓を立たられた爲め、常に金剛の武器を執つて門に立ち、佛を警固するのだとされてゐますが、また或説では、二王さんは元《もと》「バラモン教」の本尊樣であつて、ア、ウンの二字、卽ち生死の二法を示す像であるが、それが佛教の爲めに、征服されて捕虜に成り、遂には門番をさせられるに到つたものであると聽いた事があります。一寸八分の觀音樣の門を、あんな大きな體軀で警固してゐるといふ所に、佛教の權威を示したのでせう。それは兎も角もとして、我が日本が、世界のどんな位置に、どんな形で鎭座してゐるかといふ事は、頗る興味の深い問題でなくてなりません。

日本は世界の下腹卽ち臍下丹田といふ位置に位して、丁度世界の巨人に抱かれ、圍繞され、警固されてゐるように見えます。而して精しく觀察すると、日本國は世界巨人のあらゆる姿を盡く具へて、小さい乍《なが》らも、秘藏兒のような形に成つてゐます。これを皇典ではアキツトナメと申してゐるのです。

先づ我が日本の四國《しこく》を、眞直に左へ眼を移して見て下さい（地圖は元のまゝの位置で）すると其處には濠洲といふ、蝙蝠の翅を擴げたような、大きな島がありませう。四國《しこく》と濠洲《がうしゆう》とは同じ形をしてゐるのです。さあ、灣や岬や川や山なぞを、一々比較して見て下さい。次に我が北海道——を眞直に今度は下へ眼を移して見て下さい。すると其處には北海道を大きくした形で、北アメリカがあるではありませんか。噴火灣とメキシコ灣、フロリタ岬と襟裳岬、根室灣とハドソン灣、ベーリング海峽と宗谷海峽等を始め。川の流れや、山脈や、多數ある湖や、都會なぞまでも一々比較してその一致のいかに夥しいかを觀察して下さい。

次には我が九州を、ヅーと上へ眼を移して、アフリカを見て下さい。而して一々その一致を求めて下さい。

次には我が本州とアヂヤ、ヨーロッパの大陸を比較して見ませう。先づ瀬戸内海が小地中海である事は、誰も氣の附いてゐる所で、地中海は即ち大瀬戸内海です。而してイベリヤ半島が、我が山口縣で、双方槌の頭のような形をしてゐます。下關海峽がジブラルタル海峽です。地中海を奥へ這入つて行くと黑海があります。これが大阪灣で、アラビヤが紀伊大和の大きな突出です。實にその形がよく似てゐます。伊勢海がペルシヤ灣で、此處へは、チグリス、ユーフラテスといふ二川が流れ込みます。これが木曾川揖斐川です。チグリス、ユーフラテス川の間が、メソポタミヤで、世界中で最も古く開けた土地と謂はれてゐます。して見れば、我が木曾川イビ川の間の地方に、舊約聖書にいふヱデンの園が見附るかも知れないといふ空想も起りませう。次に眼を下へ移して、天龍川とインダス川、伊豆半島と英領インド、相模灣とベンガル灣、三浦半島とマレイ半島、東京灣とシヤム灣、房總半島と佛領印度支那等、を比較して下さい。何たる一致でせう。世界地圖を調べてゐるのか、日本地理を調べてゐるのか判らない位です。それから、利根川とメコン川、アブクマ川と楊子江、北上川と黄河とを比較して下さい。次に仙台灣が澎海で、牡鹿半島が朝鮮です。而して下北半島がカムチヤツカ半島で、津輕半島がチユクチ半島、宗谷海峽がベーリング海峽です。これは既に北海道北アメリカ比較の時申した處に一致してゐます。

次に北海へ廻りませう。北海へは日本でも世界でも、大きい川が流れ込んでゐます。例せば…能代川がコリマ川、御物川がヤナ川、最上川がレナク川、阿賀川がエニセイ川、信濃川がオビ川と云つた工合です。富山灣が白海に當つて、能登半島がスカンヂナヴイヤ半島です。何たる一致でせう。島根半島はグリンランド半島で、壹岐對馬のある所には、英吉利があるではありませんか。實におもしろい。隱岐島がアイスランド、佐渡島に對應する島もチヤンとあります。而して日本一の大きな湖ビハ湖のある所には、世界第一の大湖裏海であり、本洲第一の高峰富士山のある所には、世界最高のヒマラヤ山があるなぞ、比較すればするほど驚の外はありません。

又日本は小さい乍らも、溫帶熱帶寒帶の三帶に跨らねばならないので、身長をグツと伸してゐますが、世界は大きい身體を、丸い圏内へ納めねばならないので、押し込められた形に成つてゐます。だから見給へ、我が千島列島は細長く珠數を聯ねたような形で伸びてゐますが、世界の方は北アメリカの右側にある多數の島々が、あんな形にクシヤ〳〵と押し込められてゐるではありませんか。「實におもしろいです」。カムチヤツカ半島とグリーンランドとの一致は勿論ですが、このグリーンランドが、英吉利の上方へ窺き込むような形で出てゐる所は、全く朝鮮そつくりに見えるから妙です。斯うして臺灣と南アメリカを比較し、琉球や小笠原諸島等も、一々世界地圖の上に比較研究することは、どんなに愉快なことでせう。尙ほ四國が日本の眞直の左に位置を採らねばならない關係上自分の位置を讓つた爲めに、アフリカが四國と九州との二役を引受けなければならない。そこで、どんな地勢上、おもしろい事柄が起つたか？又は世界の各所に陷落した土地がある。例へばアフリカの西海岸の大陷落や、日本で謂へば日本海に近頃陷落した地があるといふやうな事を申しますが、そんな事を考に入れて研究すると、一層妙味が深いでせう。世界地理の敎授に、日本を比較の對照として授けることは、妙味ある事です。記憶を助ける上にも得る處がありませう。一つ試して頂きたいものです。

尙ほ世界地圖を調べるのに、それが一巨人の生理的硏究であり、乃至心理的研究であるとしたら、どんなに興味ある事でせう。文化の移動が生理的に乃至心理的に流れて居るのではないでせうか。世界地圖の前に跪いて、宗教的敬虔な態度で研究する時代が來ないと、誰が斷言し得ませう。或土地或民族が、其巨像の運命と共に、どんな運命を遂げたか。何が故にか某の國は强大なる勢力を獲得したか。英吉利が金剛杵《こんがうしよ》の國、ドイツが大國主神の本國たる出雲に當るなぞを見る時、どんな感想が我等に起るか。咽喉に當るパレスタインの地。昔はお乳の澤山出たインド、南洋に掌を開いて其富源を暗示する形の濠洲、太股を出して妙齡の女子の踊る國アメリカ、世界の腹としての支那、何を見ても一つとして興味をそゝらないものはありません。が今は斯樣な事柄を長く續けてゐる遑を持ちません。

日本は世界大巨人の下腹—臍下《さいか》丹田《たんでん》の部に、世界と同じ姿を保つて、宛も大切な嬰兒の如く、圍繞され警固されてゐるといふ上から、世界を眺め、乃至日本を眺める時、其處には又た特殊の感激や暗示や使命等を發見する事でせう。日本國は世界の愛兒として、全世界からあらゆる滋養を幾千年來供給された感が致します。最初三韓交通に始まつて、次に支那から多量の文化滋養を享け、次には支那を透して佛敎と共に入り來つた、印度の大文化を思ふざま味はつたのでした。而して今日では、殆どあらゆる全世界の滋養を攝取して、立派な成長發育を遂げたのみならず日本本來の大精神を闡明して、全世界に光を及ぼさんとまでしてゐる有樣です。光は東方より、光は日本よりと叫ばれてゐる時代です。

さて

世界の巨像は、今や大に年老いました。その證據は、頭部アフリカは沙漠の禿頭《はげあたま》になつてゐます。世界最古の埃及《エヂプト》の文化は、今は深く地中に埋つて、謎《なぞ》をのみ殘してゐる狀態です。一歩奧地へ這入れば、猛獸毒蛇が頑張つてゐる有樣です、頭の奧に猛獸毒蛇が蟠つてゐる。これが現代を暗示するのかも知れませぬ。又アラビヤの顋《あご》にも房々とした顋《あご》髯《ひげ》は見られず、矢張沙漠に成つてゐます。其他世界の巨人の姿は、所々が破れ壞《こは》れて、彼の古い國寶の木像を見るやうな身窄《みすぼ》らしさを示してゐます。

あゝこの大巨人に對して、再び淸新の氣を吹き入れて、若々しい潑剌たる人格者とする事は、果して誰の任務でせう。天國を直にこの地上に築くのは、果して誰の使命でせう。世界の老巨人は澎湃たる大洋の荒潮荒波を浴び乍ら、日夜默々として水《み》禊《そぎ》を行じてゐるやうです。六根淸淨の默禱を捧げて、ジツと念じ續けてゐる彼の如く見えます。ア、然るに、其の上に住む人類は、何時《いつ》水《み》禊《そぎ》を修して、其罪穢れをスッカリ脱却する事でせう。我國には水《み》禊《そぎ》祓《はらひ》の行事と申す、重大な神事が傳はつてゐます。この行事は專ら世界を對照して行はるべきものです。大祓詞の後段が大洋中の行事に成つてゐる事は、頗る注目に値するではありませんか。大祓は全世界を潔齋する、實に尊嚴な神事であるのです。私は世界地圖を眺める毎《たび》に、あの水に流れて來た桃から、桃太郎が生《うま》れたといふ童話を、頗るおもしろく聯想するものです。地球といふ大きい桃の實《み》、老いたる巨人、その中から生れる桃太郎、その桃太郎が鬼島を征伐して、手柄を立て、兩親にも孝行を盡くすといふ、あの童話を世界の上へ移して來ると、何だか未來を豫言したものが在るやうに思はれて、おもしろく思はれます。古事記には、イザナギ神が妹神イザナミ神を訪《たつ》ねて、死《よみ》の國へお出でになつた時、惡魔に逐はれ給ふた。其時桃の實を三つ投げて其青鬼共を逐ひはらはれた事が錄してあるが。これも世界の上に移して考へると、非常におもしろいと思ひます。東洋では、古くから人體には三つの中樞があると申してゐます。之を三宮三焦三丹田等と申してゐます。第一額、第二心臟、第三臍下丹田です。疾病治療も精神修養も、一切この三丹田を主眼とするのです。劍道柔道等殊にさうです。世界にも三焦があつて、一は頭(アフリカ)、二は胸(ギリシヤ、ローマから西部アヂヤ、インド邊まで、)三は腹(支那、特に日本)です。世界の文化は、頭から胸、胸から腹へと移つたのでした。我が日本に於ても、最初は九州の頭が文化中樞でした、が神武天皇御東遷に依つて、それが大和地方に移りました。これが中焦文化時代で、此處には二千五百年間の中樞が置かれたが、それが今では東京へ皇都が遷つて、腹部文化中樞時代と謂つた形に成つてゐます。この文化の移動乃至治乱興廢の變遷には、定まつた年次の週期があると皇典は示してゐます。この週期を知つて、政治始め一切の行事が執行され、その時代々々の本義に則つて、軍事も産業も執行されねばならないのです。

以上で私は、明白に世界の相《すがた》を觀得《みえ》たと申したい。蜻蛉《あきつ》の二匹が、臀呫《となめ》する狀《さま》、これが秋津洲《あきつしま》でなくて何でせう。この一對にして、一體の大小國《くに》が、即ち整《とゝの》へる完備國《またきくに》ではないでせうか。恐らくこの御一語は、神武天皇が、祖神諾《いざなぎ》册《いざなみ》の二尊の、國土御創造の當時、口ずさみ給ひし語を、高山に登りて、四方を廻望あそばされ、御記憶のまゝ唱へられしものかと拜察いたします。故に書紀は、昔伊弉諾尊《いざなぎのみこと》此の國を目《なつ》けて曰《のたま》はく、日本は浦安國、細戈千足國《くはしほこちたるのくに》、磯輪上秀眞國《しわかみほつまのくに》と續けて記してゐるのであらうと信じます。而して日本國が、浦安國《うらやすのくに》（心安國）細戈千足國《くはしほこちたるのくに》、磯輪上秀眞國《しわかみほつまのくに》である旨が、將來いよ〳〵益々明白と成り、大巳貴《おほなむち》大神の目《なつ》けて玉牆內國《たまがきのうちつくに》、饒速日命《にぎはやひのみこと》の大虛《そら》を翔《かけ》りて名げられた、虛空見日本國《そらみつやまとのくに》の意義も、明確に顯れて行くものと信ぜられます。あゝ何れにしても、大祓は六合《せかい》の中心地であるべきであるから、我國が大祓の祭主國たることは、世界地圖上、何等疑點を挾む餘地が無い譯でありませう。

【註】大祓の本國が日本であるとしても、其國內の何處かと云ふ問題があります。が、今回は之を省略して、後日の發表に讓ります。

尙ほ大祓の「時」に就ては、我が國史に二千五百六十年十六期の週期律が存在し、又大祓詞の中には、未來を豫言した語が暗示されてゐるやうに考へてゐるのですが、今は歐米諸國に於て信ぜられてゐる聖書中から「大祓」に關聯のありさうな文句を借り來つて、少しく申し述べて見ませう。

先づ「使徒行傳」に「またこの神は凡《すべて》の民を一の血より造り、悉く地の全面に住はせ、豫め其時と住《すむ》ところの界《さかへ》とを定めたまへり、此は人をして神を求めしめ、彼等が或は揣摩《さぐり》うる事あらん爲なり、然ども神は我儕各人を離るゝこと遠からざる也」第十七章　とあります。其住むところの定められたると共に、時が定められてゐることを述べてゐる點に、頗る注目すべきです。又ヨハネ默示錄には、次の如き語を見出します。

「此後われ四人の天使、地の四隅に立て、地の四方の風を援《ひき》とめ、地の上にも海の上にも樹の上にも風を吹かせざるを見たり。」

これを大祓詞の

「科戸《しなど》の風の天八重雲《あめのやへくも》を吹放つ事の如く、朝《あした》の御霧《みぎり》夕《ゆふべ》の御霧《みぎり》を朝風夕風の吹き拂ふことの如く、大津邊《おほつべ》に居る大船を舳解《へとき》放ち艫解《ともとき》放ちこ大海原《おほうなばら》に押放つ事の如く彼方《をちかた》の繁木《しげき》が本《もと》を燒鎌《やきがま》の敏事《とがま》以ちてうち拂ふことの如く」

とあるに對照して、頗るおもしろい一致と思はれます。大祓を引き止めて「暫く」と言つてゐる感が致します。其の引き止めてゐるものは、四人の天使だが、

又この他に一人の天使活神《いけるかみ》の印《いん》を持て、東より登り來るを見たり、此使者、かの地と海を傷《そこな》ふことを許されたる四人の使者に向て、大聲に呼はり、我儕の神の僕の額に、我儕が印するまでは、地をも海をも樹をも傷《そこな》ふ可からずと曰へり

とあつて、四人の天使を制して居る、東より登る天使、活神《いけるかみ》の印《いん》を持てる天使、これが日の登る日本國の天使ではあるまいか。我儕《われら》の神の僕《しもべ》の額に印の終るまでとは果して何時であらうか。尙ほ默示錄は述べて、

われ觀しに、白雲あり。其の雲の上に人の子のごときものの首に金の冕《かんむり》を戴き、手に利鎌《さがま》を持て坐せり。また一人の天使、殿より出で、大なる聲にて、雲の上に坐せる者に曰けるは、刈時すでに至れり。地の穀物すでに熟したり。爾の鎌を入て刈れ、雲の上に坐する者、その鎌を地に入れければ、地の穀物刈取れたり。また一人の天使、天にある殿より出、かれも亦利鎌《さがま》を持ち、また一人の火を掌る權威を有る天使、祭壇より出で、大なる聲にて利鎌を持てる者に曰けるは、地の葡萄すでに熟したり。爾の利鎌を入て、葡萄の球《ふさ》を刈斂《かりをさ》めよ。天使その鎌を

地に入れ、地の葡萄を刈歛りて、神の怒の大なる醉《さかぶね》に投入たり。城の外にて此醉《さかぶね》を踐しに、血醉より出て、馬の轡に達くほどに至り、廣まれること七十五里に及べり 第十四章

と申してあります。この刈入れる時といふのが、彼の「ヲハリ」の日といふものに相當し、あらゆる罪惡が精算されて、地上は焦土と化し、時を俟つ聖徒が、一時に復活して、全く新らしい淨き天國が地上に實現する所謂クリスト再降臨の時といふものであらうが、それは暫く問題外とするも、舊約書のダニエル書第十二章に

ダニエルよ、往け。此言は終極の時まで秘し、且つ封じ置かるべし。衆多の者淨められ、潔よくせられ、試みられん。然ど惡き者は、惡き事を行はん。惡き者は一人も曉ること無るべし。然ど頴悟者は曉るべ

し。幣供の物を除き、殘暴可惡者を立てん時よりして、一千二百九十日あらん。待をりて一千三百三十五日に至る者は幸福なり。汝終りに進み行け。汝は安息に入り、日の終りに至り、起て汝の分を享けん。これは大に考ふべき事です。これに就いても、尙ほダニエル書第二章、イザヤ書等に就いても、いろ〳〵申し述べて見たいことがありますが、後日の時を待ちませう。

【註】國史を約六百五十年宛に區切つて觀察すると、頗るおもしろい事實がある。伊勢神宮御鎭座が皇紀六五三年（垂仁、二五年）で、耶蘇紀元にも最も近い。又大化改新が一三〇六年（孝德、大化二年）元兵襲來覆沒して大敗したのが、一九四一年（後宇多、弘安四年）明治維新が二五二七年である。若し二六〇〇年を以て（650×4）基本と爲し、遡つて一二九〇年乃至一三三五年（常供の物を除きとあるのを假想し）を見れば、古事記下卷の終り、聖德太子の時代、佛敎興隆の詔下る頃に當るのではないだらうか。

【参考記事】

我兄弟よ主および其大なる能《ちから》に賴て剛健《つよく》なるべし。なんぢら惡魔の奸《はかり》計《ここ》を禦《ふせが》ん爲に神の武具を以て裝《よろ》ふべし。我儕《われら》は血肉と戰ふに非らず。政《まつりごと》また權威《けんゐ》また斯世の幽暗《くらき》を宰《つかさ》どる者また天の處にある惡の靈と戰ふなり。是故に神の武具を取るべし。是あしき日に遇て敵を禦《ふせ》ぎ、凡《すべて》の事を成就して立《たゝ》ん爲めなり。なんぢら立《たつ》に誠を帶として腰に結び、義を護胸《むねあて》として胸に當て、和平なる福音の備を鞋《くつ》として足に穿き、此ほか信仰の盾《たて》を取るべし。此盾《たて》を以て悉く惡者の火箭《ひや》を滅《けす》ことを得ん。また救の冑《かぶと》および聖靈の劍すなはち神の道を取り、恒に各樣《さまぐ》の禱告《いのり》と祈求《ねがひ》を以て靈《みたま》に由て求め、かつ諸の聖徒の爲にも、愼みて此事をなし祈《いの》りて倦《うま》ざるべし。且わが口を啓《ひら》くとき言を賜はり、侃々《はゞからず》して福音の奥義を示し又わが言ふべき所の如く之を侃々《はゞからず》して言得るやう我ためにも祈るべし我この福音の爲めに使者となつて鏈《くさり》に繫がれたり（新約聖書以弗所書第六章十節以下二十節迄）

第十五講

今回は最終の講として、明治維新の直後、我が國にはどんな思想が動いて居たかの一端が述べて見たいと存じます。武家七百年の幕政を一擧に退け盡くして、奮然として肇國の理想實現に邁進したのが、申すまでも無く明治維新であつたのですから、あらゆるものを盡く清新な雰圍氣中に收めんとしたのは當然です。若し夫れ皇孫御降臨を第一大祓の御決行と見れば、神武天皇の御東遷の大業が第二次大祓であり、而して明治維新が第三次大祓と申して決して過ては居ますまい。科戸《しなと》の風《かぜ》の天八《あめのや》重《へ》雲《くも》を吹《ふき》放《はな》つことの如く以下、四個の祓の言《こと》辭《ば》が、其まゝ現實に我が國史の上に顯はれたのは、決して偶然ではありません。明治維新こそは、實に大祓の活きたる大保證として、我等は其の當初を些細に凝視せねばなりません。あゝ明治維新直後の我が思想界の狀態は、果してどんなであつたでせうか。先づ

明治初年に下し給へる御詔勅を拜しますと、其如何に神祇崇敬に關するものゝ多かつた事を見ることでせう。明治元年戊辰十月十七日氷川神社御親祭の詔には

神祇を崇み、祭祀を重ずるは、皇國の大要、政敎の基本なり。然るに中世以降、政道漸く衰へ、祀典擧らず、遂に綱紀の不振を馴致す。朕深く之を慨く

と仰せられ、東京遷都御親政に當つて、

將に先づ祀典を興して綱紀を張り、以て祭政一致之道に復する也

とのたまひ、氷川神社を武藏國鎭守として、御親祭あそばされ、以後每歳奉幣の儀を定めさせ給へるを始めとして、明治二年十二月、天神地祇鎭座の宣命あり。明治三年正月三日神靈鎭祭の詔あり。同年同月同日祭政一致惟神大道の詔出で、明治四年二月春季御祭典の宣命あり。同四年九月十四日皇靈遷座の詔ありて、宮中三殿の儀全く整ひ、而して國民の一般指導原理として、敎則三條が定まつた。敎則に曰く

一、敬神愛國の旨を體すべき事

一、天理人道を明にすべき事

一、皇上を奉戴し、朝旨を遵守せしむべき事

で敬神が第一條件でありました。また行政方面から見ましても、卽ち其の初め太政官內にあつた神祇局が、その後間もなく神祇官と云ふことに

改まり、更に一變して、大政官の一局でなく、今度は獨立のものとなつた。而して正式に定められた官制に於ては、神祇官を最高級の官府とし、其の下に太政官、其の下に八省彈正臺が置かれてゐた。卽ち之が、日本は天神地祇及び皇室を中心とし、神の道に則り、神の意を承けて、總べての政事をしなければならぬ、これで祭祀を纏めて行かうとしたであつた。而して先づ太政官に會議所として上局を置き、其の會議の眞先きに議されたのが、皇道興隆であつた事は、特に留意すべき事で、其議題は我皇國、天神天祖、極を立て基を開き賜ひしより、列聖相承、天工に代りて天職を治め、祭政維一、上下同心、治教上に明にして、風俗下に美はしく、皇道昭々、萬國に卓越す。然るに中世以後、人心渝薄、外教これに乘じ、皇道の陵夷、終に近時の甚だしきに至る。天運循環、今日維新の時に及べり。然れども紀綱未だ恢張せず。治教未だ浹洽ならず、是れ皇道の未だ昭々ならざるに由る所と、深く御苦慮遊ばされ、今度祭政一致、天祖以來固有の皇道を復興あらせられ、億兆の蒼生、報本反始の義を重んじ、敢て外誘に蠱惑せられず。方嚮一定、治政浹洽候樣、遊ばされ度思召し候。其の施爲の方、各々意見忌憚なく、申し出づ可く候事」

これが即ち一番初めの議題であつたのです。かくて教導局といふものが設置され、明治二年の六月には、宣教使と云ふものが置かれ、而して明治三年の正月三日には、次ぎの如く大教宣布の詔が出た。

朕恭シク惟ルニ　天神天祖　極ヲ立テ統ヲ垂レ　列皇相承ケ　之ヲ繼キ之ヲ述フ　祭政一致億兆心ヲ同クシ、治教上ニ明カニシテ風俗下ニ美ナリ、而シテ中世以降、時ニ汙隆アリ道ニ顯晦アリ、治教ノ洽カラサルヤ久シ、今ヤ天運循環、百度維レ新ナリ、宜ク治教ヲ明ニシ、以テ惟神ノ大道ヲ宣揚スヘシ。因テ新ニ宣教使ヲ命シ、天下ニ布教ス。汝群臣衆庶、其レ斯ノ旨ヲ體セヨ。

蓋し宣教使は當時各地に派遣され、其長官は右大臣三條公が神祇伯となつて、宣教長官を兼ね、福羽美靜が神祇少副であつて、宣教次官を兼ねてゐた譯である。かくて七月四日にはまた、大教の御趣意に付いて、諸藩に御沙汰と云ふことがありました。これによつて見ると、我國に於ける當時の政治家の觀念が、大體わかるのである。卽ちその文に曰く。

「大教の旨要は、神明を敬し、人倫を明にし、億兆をして其の心を正しく、其の職を效し、以つて朝廷に奉事せしむるに在り。教の以つて之れを導くことなければ、其の心を正しくすること能はず。政の以つて之れを治むることなければ、其の職を效すこと能はず。是れ敎と政と、相須て行はるゝ所以なり。今や更始の時に當り、神武天皇鴻業を創造し給ひ、崇神天皇四方を經營し給ふ御偉績に基かせられ、時に因りて宜しきを制し、大いに變革更張遊ばされ候處、大敎の未だ浹洽ならざるより、民心一つならず、其の方向に惑ふ。是れ宣敎の急務なる所以なり。夫れ人は萬物の靈、神明最も惠顧し給ふ所のものなり。天孫、皇太神の勅を奉じ、斯の土に君臨し、之れを撫育し給ひしより、列祖相承、亦皆、太神の心を以って心と爲し給はざるはなし。然り而して、太政の變更する所あるものは、世に古今あり時に汚隆あるを以つてのことにて、元より斯民をして其の心を正しくし、其の職を效し、以つて昏迷を解き、終始仰いで依る所を知らしめんと期し給ふは、前聖後聖其の揆一つなり。故に大教を宣布するもの、誠に能く斯の旨を體認し、人情を省みて之れを調攝し、風俗を察して之れを提撕し、之れをして感發奮興し、神賦の智識を開き、人倫の大道を明にし、神明を敬し、其の惠顧の洪恩に負かず、聖朝愛撫の聖旨を戴き、以つて維新の隆治に歸向せしむべく候。是れ政教一致の御趣意に候事」

即ち國民全部の思想をば、上古の精神に復歸せしめて、日本は神道で、纏めて行かうと考へてゐたのである。我國は再び上古に復つて、教國主義でやつて行かうとしてゐたのである。

ところが、其の後間もなくそれが急變して、同年七月二十九日に發布された官制に於ては、神祇官が廢されて神祇省となり、八省の中の一つに加はつてしまつてゐる。同時に大學も廢されて文部省が置かれ、十一月からは文部省に於て、各府縣の學校を管轄することになつた。即ち當初の主義から云へば、學校の如きは第一に神道で纒めねばならぬのである。然るにそれがさう行つてゐないのみならず、後には神祇省も亦廢され、遂には教部省といふことになり。而かもその教部省がまた一時的で、今度は文部省の中へ合併と云ふことになつてしまつた。而して明治五年八月二日、こゝに今日の所謂小學校令のやうなもの、即ち義務教育の制度を施くところの布告が發せられ、全く神道主義は蔭を潜めて、專ら學問によつて、國民各個の智識を啓發し、各々技能を磨いて、生活を勵まねばならぬといふ一點張りに變つてしまつたのである。斯く猫の目の如く急激の變遷を重ねて、神道主義の國民指導は、其後六十幾年間、殆ど其の姿を潜めてしまつたのでした。が、西洋文化の獲り入れも一段落付いて、世界の形勢亦昔日の如くならず、今日では我國は滿洲國の獨立を認めて、大に其伸展を援助し、その爲めに國際聯盟を脫退し、又ワシントン條約を破棄し、ロンドン海軍條約を脫退し、内には日本精神の勃興、皇道精神の發揚旺に起り、一面また宗教の勃興を見、大に根本的に徹底的に思想の再檢討を爲し、舊來のあらゆるものゝ上に、最高の統一を冀待し、國民の一大指導原理を樹立すべき秋を迎へたのは、變るといへば、世の變遷といふものほど驚くべきものはない。

この時に當つて、文部省が學校に令して、教育に宗教を加味すべしといふのであるが、もつと進んで來れば、明治の初年の太政官の第一會議に出たやうな問題が、今一たび貴衆兩院の議題に上ること、絕對無しと誰が斷言し得ませう。

年號は明治大正昭和と移つて參りましたが、明治維新の大祓は、今日も尙ほ繼續してゐるのであつて、明治初年に一度、東海の波濤を蹶つて、旭日は輝き出たのであるが、それが登るとほどなく、歐米文化の取入れといふ大事件に遭遇した爲め、忽ちまた朝靄《あさもや》の中に其の光を收め、文化の伸展は駸々として、日に月に驚くべき進歩發達を見たが、王政復古と並び行はるべき神政の復古は、その後六十餘年間遲れたかの感が致すのであります。が玆に天運は順環して、再び肇國の大理想が、日輪の輝くが如く、雲霧を排して顯はれる時を迎へた事は、何たる愉快極まることでありませう。非常時日本、それは決して悲觀的な語ではありません。躍進更に躍進を冀待すべき非常時であり、今更ながら新興日本の姿が、國民の何れの胸にも、映發して來た非常時に相違ありません。がこの非常時、この躍進日本の雄々しい一歩一武の中にも、我等は決して忘れてならぬ一大信條があります。否斯《かゝ》る時なればこそ、我等の覺悟は一層切實であり、我等の信念は、いやが上にも固くなければならないのであります。

國體明徵の具體的方策の確立

これを忘れて、何處に日本の進歩がありませう。何處に我等の伸展がありませう。

護法の民族、宣教の使徒

これを忘れて、何處に我等の先天的使命がありませう。何處に皇神の依《よ》さし給へる天職がありませう。自已の國さへ繁榮すれば、他國はどうなつても善い、そんな理非盡な理はありません。他を壓迫し他を苦しめても、自己のみ富み榮えれば善い。そんな精神は日本民族には、あるべき筈の無いものです。他土を侵略して領土の擴大を策す。そんな精神は決して我が建國の本義ではありません。四海は同胞である。明治天皇の御製に

「四方《よも》の海《うみ》、みな同胞《はらから》と睦《むつ》びなば、世に浪風《なみかぜ》は立たじとぞ思ふ」

「四方《よも》の海《うみ》、みなはらからと思ふ世に、など浪風《なみかぜ》のたち騷《さわ》ぐらん」

とあそばされて居るではありませんか。四海は同胞である。至仁至愛の慈光は、海の端まで陸のはてまで、及んでゐるのである。二十億の世界萬民は、我等の兄弟姉妹である。然るに今此の三界は、火宅の如く、憂苦充滿して頗る喧囂の狀態である。父の去りし後の諸子が、毒を飲んで悶絕してゐた比喩話が痛切に感ぜられます。

幾千年來、我等は四方から燃えさかゐる火宅に慣れて、これが人生の常態、

これが憂《う》き世《よ》の常《つね》と心得るまでに成つてゐます。あゝ果してこれが常態だらうか。法華經は否と申します。皇典は大祓を行事すれば、この地上を高天原《たかあまはら》たらしめることが出來ると、大皷印を捺してゐます。が併し光明遍照、攝取不捨、圓融無礙のタカアマハラを招來すべき大祓は、其の時と、其の國と、其の位の人と、其の萬民の機根とが四拍子揃はらなければ、執行されないと垂示されてゐます。時、國、人、機、これが果して何時揃ひませうか。時ほど恐るべきものは無い。時ほど知れ難いものは無い。併し西方の聖者は、春の來ることは、枯れた如く見える木が芽ぐむのを見れば判かるではないかと申して居られます。一年には一年の行事、千年には千年の行事、萬年には萬年の行事がありませう。一己身の祓もあれば、一家の祓、一國の祓、全地の祓ひ、天地の祓もあるべきでせう。で小なる祓は短年月で廻り來ようが、大なる祓は長年月を經て、創めて廻り來るのが必然で、殆どあらゆる地上の人々が、過去の記憶を忘失して、天國の到來を單なる空想とのみ考へ、樂園《パラダイス》の建設を萬人が夢想とのみ拒否する時こそ、却て天國の地上建設時期が、近づいてゐる證據ではあるまいか。

世界の地相は何を暗示してゐるか。國定まれば、自から其の位の人は定まりませう。位は脈統に由て定まり、脈統は神系の必然に由て、自から定められてゐるのであるから、ミイヅの存在は決して人爲では無い筈です。斯く考へて來る時、冬木立《ふゆこだち》にも聊かながら、春の芽ぐみを感じないでせうか。併し大祓がどんな形式を以て顯はれる事でせう。畏くも御鏡の御照らしに副つて、攝受《せうじゆ》の御玉と折伏《しやくぶく》の御劍とがあるのであるから、攝受ならば、極めて安穩に極めて溫和に運びませうが、折伏《しやくぶく》であるならば、極めて烈しく極めて嚴かに來り臨まれることでありませう。聖書に所謂「世のをはり」さうした大々的の絶滅が我等に臨み來らんとしてゐるのでせうか。聖戰《ハルマゲドン》の後にこそ、淸き花園は斯土に建つことでせうか、或は又た牛車鹿車を退けて、太白牛車《だいびやくごしや》を以て、一齊に我等が救ひ取られるのでせうか（こは法華經の豫言）到底人知の遙かに及ぶ所ではありませんが、その何れにしても、一意皇神に任せ切つてゐる我等の信念は、其の形式の如何に關せず、日輪を仰ぎ廻る日葵草《ひまはりさう》の如く、日輪の光のみに憬《あこ》がれて廻る外はありません。

あゝ春は廻り來た。日輪は朝靄を排して輝き出た。天象地象悉く皆な革まる時を迎へた。大祓詞に天津神《あまつかみ》は天岩戸《あまのいはと》を押開きて、天の八重雲を伊頭《いつ》の千別《ちわき》に千別《ちわ》きて聞《きこ》し召《め》さむ。國津神《くにつかみ》は高山の末、短山の末に登りまして、高山の伊穂理《いほり》短山の伊穂理《いほり》を搔分《かきわ》けて聞しめさむ

とあるのは、あゝ如實に現代を冀待し、現代を豫め保證された神誓ではなかつたか。天岩戸《あまのいはと》天《あめ》の八重雲《やへくも》、そは果して何を指せりや。我が本來の精神、我が本來の教法、何物か之を長年月に亘つて隱蔽し居りしぞ。高山の伊穂理《いほり》短山の伊穂理《いほり》、そは果して何を指せりや。我が本來の統治機構何物か之を長星霜に亘つて、燻蒸せしめ居りしぞ。

科戸《しなど》の風の天八重雲《あめのやへくも》を吹放つことの如く、世の闇迷は吹放《ふきはな》たれよう。朝《あした》の御《み》霧夕《きりゆふべ》の御霧《みぎり》を、朝風夕風の吹拂ふことの如く、あらゆる惡思想邪曲の見解は吹拂れよう。大津邊《おほつべ》に居る大船を、艫《へ》解《と》き放ち舳《とも》解《と》き放

ちて、大海原《おほうなばら》に押放つことの如く、國體に相容れざる一切の教法は、押放たれて影を沒せん。彼方《をちかた》の繁木《しげき》が本《もと》を燒鎌《やきがま》の敏鎌《さがま》以て打拂ふ事の如く、滿地に蔓る蟲惑は打拂はれん。而して天壤無窮萬世一系の經糸《たていと》に、古今內外の美はしい緯糸《よこいと》が織り爲《な》されて、目も綾《あや》なる圓滿具足の大和錦《やまとにしき》が、三世十方に展開されませう。此の時をこそ、

此く聞《きこ》し召《め》しては、皇御孫命《すめみまのみこと》の朝廷《みかど》を始めて、天《あめ》の下四方國《したよものくに》には罪といふ罪はあらじと、祓《はら》へ給ひ淨《きよ》め給ふ。

と申すべきでありませう。

謹で　今上陛下卽位式の勅語を捧讀いたしまして、本講話の全部を終ります。

朕惟フニ、我皇祖皇宗ノ、大道ニ遵ヒ、天業ヲ經綸シ、萬世不易ノ丕基ヲ肇メ、一系無窮ノ永祖ヲ傳ヘ、以テ朕カ躬ニ逮ヘリ。朕　祖宗ノ威靈ニ頼リ、敬ミテ大統ヲ承ケ、恭シク　神器ヲ奉シ、玆ニ卽位ノ禮ヲ行ヒ、昭ニ爾有衆ニ誥ク。

皇祖皇宗、國ヲ建テ民ニ臨ムヤ、國ヲ以テ家ト爲シ、民ヲ視ルコト子ノ如シ。列聖相承ケテ、仁恕ノ化下ニ洽ク、兆民相率キテ、敬忠ノ俗上ニ奉シ、上下感孚シ君民體ヲ一ニス。是レ我カ國體ノ精華ニシテ、當ニ天地ト竝ビ存スヘキ所ナリ。

皇祖考、古今ニ鑒ミテ、維新ノ鴻圖ヲ闢キ、中外ニ徵シテ、立憲ノ遠猷ヲ敷キ、文ヲ經トシ武ヲ緯トシ、以テ曠世ノ大業ヲ建ツ。皇考先朝ノ宏謨ヲ紹繼シ、中興ノ丕績ヲ恢弘シ、以テ皇風ヲ宇内ニ宣フ。朕寡薄ヲ以テ、忝ナクモ遺緒ヲ嗣キ、祖宗ノ擁護ト億兆ノ翼戴トニ頼リ、以テ天職ヲ治メ、墜スコト無ク愆ツコト無カラムコトヲ庶幾フ。朕ハ内ハ則チ教化ヲ醇厚ニシ、愈々民心ノ和合ヲ致シ、益々國運ノ隆昌ヲ進メムコトヲ念ヒ、外ハ則チ國交ヲ親善ニシ、永ク世界ノ平和ヲ保チ、普ク人類ノ福祉ヲ益サムコトヲ冀フ。爾有衆、其レ心ヲ協ヘ力ヲ戮セ、私ヲ忘レ公ニ奉シ、以テ朕カ志ヲ弼成シ、朕ヲシテ祖宗祚述ノ遺烈ヲ揚ケ、以テ　祖宗神靈ノ降鑒ニ對フルコトヲ得セシメヨ。

附錄

或問或答

〔一〕問＝先生の三大皇學のお師匠さんは何方ですか。

答＝三重縣鈴鹿郡神邊村字木下の大石凝眞素美先生です。もう二十年前八十八歳で昇天されました。

〔二〕問＝國史の週期に一々史實を配當された御研究物がありませうか。

答＝三種神器（東京平凡社發行）並に古事記大講（名古屋市西區新道町四丁目四八地古事記大講刊行會發行）第二十八卷に載つてゐます。

〔三〕問―スメタカママハラミコトの義を詳細に解釋された著書ありや。

答＝日本國教原義（平凡社發行）古事記大講三十卷があります。

〔四〕問＝先生の如く五種神身を說いた學者が他にありますか。

答＝ありません。私の新研究です。

〔五〕問＝大祓の參考書をお聞せ願ひます。

答＝澤山ありますが、重なるものを紹介致しませう。

書名	數	著者
祝詞解	五卷	賀茂眞淵
祝詞考	三卷	同上
祝詞講義	二册	鈴木重胤
祝詞略解	五册	久保季玆
祝詞式講義	一册	春山頼母
中臣祓風水草	一卷	山崎闇齋
中臣祓瑞穗抄	二卷	出口延佳
中臣祓鹽土傳	一卷	谷重遠
中臣祓風水草管窺	一卷	玉木正英
中臣祓安心抄	一卷	同上
中臣祓氣吹抄	三卷	多田義俊

中臣祓本義　同上
大祓詞後釋　二卷　本居宣長
大祓詞後釋餘考　一卷　上田百樹
大祓詞後々釋　一卷　藤井高尚
大祓詞再釋　二卷　平田篤胤
中臣祓詞要解　一卷　伴信友

大祓天津菅曾　六人部是香
大祓執中抄　三冊　近藤芳樹
出雲國造神壽詞後釋　二卷　本居宣長
天津祝詞考　一卷　平田篤胤
祝詞詳解　一卷　次田潤
大祓正解　一卷　重政春峰

〔六八〕問＝三大皇學はどうして學びますか。

答＝師に就いて學ぶべきです。止を得ない場合は著書に賴つて研究すべきです。

參考の爲め著書を掲げておきませう。

天津金木學綱要（上、下二卷）（既刊）　古事記大講刊行會發行　名古屋市西區新道町四丁目四八番地

天津菅曾學綱要（上卷既刊、下卷未刊）　同　上

天津祝詞學綱要（上卷既刊、下卷未刊）同　上

三大皇學追講（一冊）（既　刊）同　上

〔七〕問＝天津金木や天津菅曾の賣店ありや。

答＝ありません。古事記大講刊行會で謹製したものが多少あります。お頒ち致してもよろしい。

〔八〕問＝獨學で三大皇學は充分學べませうか。

答＝至難です。が書籍で研究して、理解に難い處を屢々質問して進まれたら、出來ないことはありません。それで立派に遣り通した人が幾らもあります。

〔九〕問＝天津菅曾はメドハギの莖と申されますが、あの原野に自生する

俗にメドと呼ぶ、生花に使ふものですか。

答＝さうです。細めのもの（易の筮竹位の太さ）百本程、太めのもの三十二本用意して下さい。長さは一尺五六寸が適當です。

〔十〕問＝延喜式といふのは本ですか。

答＝延喜の御代（醍醐天皇）に、儀式に關する當時朝廷で行はれて居たものを輯めて、編纂されたのが延喜式で、その中の神祇に關する部に、祈年祭始め大祓等の多數の祝詞が載つてゐます。

〔十一〕問＝只今何か御執筆でせうか。

答＝大祓講話の姉妹篇として天皇本尊論を書いてゐます。

大祓講話

昭和十一年四月二十九日　初版発行
平成十二年二月　九　日　復刻版初刷発行
令和　五　年四月二十二日　復刻版第六刷発行

著　者　水谷　清

発行所　八幡書店
東京都品川区平塚二―一―十六
KKビル五階
電話　〇三（三七八五）〇八八一
振替　〇〇一八〇―一―四七二七六三

ISBN978-4-89350-279-7 C0014 ¥3200E